A presença feminina no Vaticano II
As 23 mulheres do Concílio

Coleção Revisitar o Concílio

Ad Gentes: texto e comentário
Estêvão Raschietti

Apostolicam Actuositatem: texto e comentário
Antonio José de Almeida

Dei Verbum
Geraldo Lopes

Gaudium et Spes: texto e comentário
Geraldo Lopes

Inter Mirifica: texto e comentário
Joana T. Puntel

Lumen Gentium: texto e comentário
Geraldo Lopes

Perfectae Caritatis: texto e comentário
Cleto Caliman

Presbyterorum Ordinis: texto e comentário
Manoel Godoy

Revisitar o Concílio Vaticano II
Dom Demétrio Valentini

Sacrosanctum Concilium: texto e comentário
Alberto Beckhäuser

Unitatis Redintegratio, Dignitatis Humanae, Nostra Aetate: textos e comentários
Elias Wolff

Vaticano II: a Igreja aposta no Amor Universal
Carlos Josaphat

Vaticano II: a luta pelo sentido
Massimo Faggioli

Adriana Valerio

A presença feminina no Vaticano II
As 23 mulheres do Concílio

Dados Internacionais de Catalogação na Publicação (CIP)
(Câmara Brasileira do Livro, SP, Brasil)

> Valerio, Adriana
> A presença feminina no Vaticano II : as 23 mulheres do Concílio / Adriana Valerio ; [tradução Paulinas Editora Prior Velho, Portugal]. – São Paulo : Paulinas, 2014. – (Coleção revisitar o Concílio)
>
> Título original: Madri del Concilio : ventitré donne al Vaticano II.
> Bibliografia.
> ISBN 978-85-356-3783-0
>
> 1. Concílio Vaticano (2. : 1962-1965 : Basílica de São Pedro no Vaticano) 2. Mulheres na Igreja Católica I. Título. II. Série.
>
> 14-05477   CDD-265.52

Índice para catálogo sistemático:
1. Concílio Vaticano 2º : Mulheres : História   265.52

Título original da obra: *Madri del Concilio*
Ventiré donne al Vaticano II
© 2012, Carocci editore S.p.A., Roma – Itália

1ª edição – 2014

Direção-geral:
Bernadete Boff

Editora responsável:
Roseane do Socorro Gomes Barbosa

Tradução:
António Maia da Rocha
© 2012, Paulinas Editora
Prior Velho – Portugal

Copidesque:
Ana Cecilia Mari

Coordenação de revisão:
Marina Mendonça

Revisão:
Sandra Sinzato

Gerente de produção:
Felício Calegaro Neto

Diagramação:
Jéssica Diniz Souza

Nenhuma parte desta obra poderá ser reproduzida ou transmitida por qualquer forma e/ou quaisquer meios (eletrônico ou mecânico, incluindo fotocópia e gravação) ou arquivada em qualquer sistema ou banco de dados sem permissão escrita da Editora. Direitos reservados.

Paulinas
Rua Dona Inácia Uchoa, 62
04110-020 – São Paulo – SP (Brasil)
Tel.: (11) 2125-3500
http://www.paulinas.org.br – editora@paulinas.com.br
Telemarketing e SAC: 0800-7010081
© Pia Sociedade Filhas de São Paulo – São Paulo, 2014

Às mulheres,
para que não se calem na Igreja.

Aos homens,
para que aprendam a ouvir as suas palavras
e os seus silêncios.

Sumário

Apresentação 9
Preâmbulo 13
Os desafios das mulheres 17
Um novo Pentecostes 39
As auditoras no Concílio 49

AS PROTAGONISTAS RELIGIOSAS

Mary Luke Tobin 83
Marie de la Croix Khouzam 90
Marie Henriette Ghanem 93
Sabine de Valon 97
Juliana Thomas 105
Suzanne Guillemin 108
Cristina Estrada 117
Costantina (Laura) Baldinucci 122
Claudia (Anna) Feddish 128
Jerome Maria Chimy 131

AS PROTAGONISTAS LEIGAS

Pilar Bellosillo 141
Rosemary Goldie 149

Marie-Louise Monnet 154

Anne-Marie Roeloffzen
e Marie (Rie) Vendik.. 157

Amalia Dematteis..161

Ida Marenghi-Marenco 164

Alda (Esmeralda) Miceli 167

Catherine McCarthy 170

Luz María Longoria Gama
e José Álvarez Icaza Manero... 173

Margarita Moyano Llerena.. 182

Gladys Parentelli 185

Gertrud Ehrle 189

Hedwig von Skoda 193

Para concluir.. 197

Esquema recapitulativo das auditoras protagonistas 210

Apresentação

No final do verão de 1974, abriu-se em Taizé, na Borgonha (França), o Concílio dos Jovens. Éramos 40.000 naquela colina; a ansiedade e a emoção eram palpáveis. Tínhamos trabalhado intensamente durante quatro anos, refletido, orado e viajado. Estávamos empenhados em fazer crescer dentro de nós, seja qual fosse a terra ou Igreja de onde tivéssemos vindo, seja qual fosse a realidade social ou política de que éramos expressão, uma "consciência conciliar", indefectivelmente convencida de que só o esforço de chegarmos a falar uns com os outros na variedade das línguas, de nos encontrarmos entre a pluralidade das gerações, de nos reconhecermos entre as várias Igrejas, tornava o mundo visível, a terra habitável, as Igrejas lugares de acolhimento e de comunhão. Também falávamos de economia e de mercado, mas éramos nós que falávamos de mercado, não o mercado que nos impunha o que devíamos dizer.

Durante a grande cerimônia de abertura, controlando uma forte emoção, emprestei a minha voz para ler em italiano, uma das muitas línguas litúrgicas de Taizé, o texto com que se iniciava o Concílio dos Jovens. No fim, entre os muitos abraços de alegria e saudações de paz com que, debaixo de uma chuva implacável, queríamos celebrar uma amizade e simultaneamente uma esperança, houve aquele texto particularmente intenso de Margarita Moyano, uma mulher argentina, pequenina, belíssima, a quem nem sequer os ritmos massacrantes do trabalho diário e a frugalidade da vida na colina tinham feito com que renunciasse à elegância de dois fios de pérolas ao pescoço.

Naqueles anos, tínhamos nos tornado muito amigas. E continuamos ao longo dos tempos, mesmo quando, inesperadamente, ela foi obrigada, por causa do regime militar, a deixar o seu país e todo o seu compromisso e empenho eclesial para se exilar durante muito tempo na Europa. Depois de tanta dor, voltou à Argentina e retomou o seu trabalho a favor da alfabetização e da evangelização dos pobres.

Margarita fora auditora no Concílio Ecumênico Vaticano II. Naqueles anos, eu era demasiado jovem para avaliar o peso disso. No entanto, compreendia que era este o motivo por que todas as personagens importantes que passavam por Taizé a conheciam. Por isso, sempre que ia a Roma, também eu tinha a possibilidade de conhecer um arcebispo, como o brasileiro Dom Helder Camara, ou um cardeal, como Pironio. Pediu-me que levasse uns jovens latino-americanos a visitar Roma, o que me permitiu que pudesse ver partes e aspectos de vida da Igreja conciliar que eu, católica – mas tão pouco católica no sentido pleno do termo –, desconhecia completamente.

Naqueles anos, encontrei pessoas de grandíssimo valor: bispos, para quem o Povo de Deus estava realmente em primeiro lugar, e de quem se sentiam pais e pastores, e leigos conscientes de que o fato de serem Igreja não exigia de modo nenhum que assumissem atitudes e comportamentos servis diante da autoridade, mas, ao contrário, requeria que assumissem inteligentemente as suas responsabilidades. Finalmente, para mim, italiana, significava fazer com que a eclesialidade saísse do turbilhão do clericalismo. Só mais tarde, quando estudava teologia, descobri que tudo isso tinha nomes precisos, Vaticano II, *Lumen gentium*, *Gaudium et spes*..., e que aqueles homens e aquelas mulheres de Igreja faziam cada qual a sua parte dentro do Povo de Deus. Devo isso a Taizé, ao Concílio dos Jovens, a Margarita, a muitos homens e mulheres que encontrei e que, na verdade, foram para mim "pais e mães conciliares".

Nos decênios seguintes, para a minha geração (a que nasceu do Vaticano II) começou o grande e árduo trabalho de não permitir que essa imensa herança, que os nossos pais e as nossas mães na fé nos deixaram, fosse devastada e esbanjada. Embora eu seja inexoravelmente uma citadina e, por isso, nunca na minha vida tenha feito pão, sempre pensei que, quando se consegue conservar um pouco do fermento-mãe, se poderá continuar a fermentar uma boa porção de farinha.

Chegou a ocasião. Por uma estranha casualidade. Uma estudante, Paula de Palma, pediu-me que a acompanhasse na feitura da sua tese de doutorado sobre o contributo do pensamento feminista para a liturgia. Dedicou um capítulo à participação das mulheres no movimento litúrgico e na vida da Igreja da época conciliar. Era inevitável o parágrafo sobre as vinte e três auditoras presentes no Vaticano II. E, ainda por cima, Paula é argentina. Fez-me entrar no tema da participação das mulheres como auditoras no Concílio com uma consciência totalmente diferente. Margarita Moyano, a amiga que me tinha feito experimentar a Igreja conciliar, tornou-se uma personagem que, juntamente com outras, religiosas e leigas, fez, tanto quanto lho permitiram, a história do Concílio.

No ano de 2012 celebrou-se o quinquagésimo aniversário da sua abertura. Infelizmente, uma historiografia letal está conseguindo mortificá-lo, triturando-o na tenaz ideológica de rotura-continuidade. Como mulher, sei muito bem o que esses cinquenta anos representaram para a superação de uma Igreja hostil às mulheres. Por isso, estava à procura de todos meios possíveis para contar uma história diferente. Finalmente, pareceu-me que um desses modos possíveis – para utilizar aquele pouco de fermento ciosamente conservado e, assim o espero, ainda capaz de fermentar, apesar dos muitos invernos do espírito que se sucederam – seria arrancar dos arquivos da memória os rostos e as vidas de vinte e três mulheres que, pela primeira vez na história, tomaram parte em algumas sessões de um Concílio e, embora tenham recebido a ordem de ficarem caladas nas assembleias gerais, souberam encontrar as ocasiões certas para pronunciar palavras eficazes.

Pedi a Adriana Valerio, historiadora e teóloga, que começasse a divulgar essas vinte e três (ou vinte e quatro) "mães do Concílio", como eram divertidamente chamadas, que avaliasse a presença delas e traçasse os seus perfis pessoais.

A editora aceitou o desafio de crer que tudo isso seria interessante para o grande público. Talvez, então, o fim do monopólio clerical sobre a história e sobre a vida da Igreja não tenha sido somente um sonho da geração visionária que fez o Concílio!

Marinella Perroni
Presidente da Coordenação das Teólogas Italianas

Preâmbulo

À espera do Concílio Vaticano II

Quando os jornalistas alemães se encontraram, pela primeira vez, com os participantes na reunião preparatória do Concílio Vaticano II, a jovem teóloga Josefa Theresia Münch, para atrair a atenção dos meios de comunicação social sobre a discriminação da mulher na Igreja, fez uma pergunta retórica: "As mulheres também foram chamadas ao Concílio?". Walter Kampe, bispo auxiliar de Limburgo (Alemanha) e diretor do centro de imprensa alemão no Concílio, respondeu com uma piada: "Não, mas console-se, porque no Concílio Vaticano III as mulheres haverão de estar presentes!".[1]

À espera daquele momento, a que talvez não tenha a possibilidade de assistir, quis escrever este livro para recordar aquelas mulheres que realmente estiveram presentes numa assembleia eclesial, que haveria de querê-las, como sempre, silenciosas e invisíveis: presenças simbólicas.

Mas elas não foram nem silenciosas nem as suas presenças foram simbólicas, embora talvez demasiado depressa esquecidas. Assim como na aula do primeiro Senado italiano, de 1848, havia uma tribuna reservada às senhoras que desejassem assistir às sessões, mas como

---

[1] Eva-Maria Jung. Women at the Vatican Council: Spectators or Collaborators? *The Catholic World*, fevereiro (1965), pp. 277-284.

simples espectadoras da vida pública, do mesmo modo a tribuna de Santo André, reservada aos auditores e às auditoras do Concílio, devia representar o lugar da observação discreta e da escuta silenciosa das mulheres, a quem não era permitido falar em público: "As mulheres estejam caladas nas assembleias" (1Coríntios 14,34), recordaram frequentemente os padres conciliares.

Quem foram aquelas vinte e três auditoras, chamadas entre a III e a IV sessões do Concílio (1964-1965)? O que representavam realmente? Por que foram escolhidas? Como trabalharam nas comissões? Com que contribuíram para a redação definitiva dos documentos? São algumas das perguntas a que procurei responder, pesquisando em fontes, documentos e testemunhos.

Foram preciosos, para mim, os documentos que consultei no Arquivo Secreto Vaticano e no Conselho Pontifício para os Leigos; mas, sobretudo, tornaram-se fundamentais os materiais que congregações religiosas, associações, arquivistas e colégios me ofereceram, para encontrar informações sobre as auditoras. Embora, de fato, eu tenha iniciado a minha investigação pelo volume de Carmel McEnroy,[2] também tive de ampliar aquelas primeiras e importantes notícias que a irmã americana oferecia na sua investigação pioneira de 1996, para enriquecê-las com elementos posteriores.

Por isso, entre as instituições de que recebi valiosos materiais e sugestões, quero agradecer à casa generalícia de Roma das religiosas do Sagrado Coração (Sabine de Valon), à casa provincial de Nápoles das Filhas da Caridade

---

[2] Carmel Elizabeth McEnroy. *Guests in Their Own House. The Women of Vatican II*. Nova York, Crossroad, 1996.

(Suzanne Guillemin), à casa generalícia do Instituto de Maria Bambina de Milão (Costantina Baldinucci), à casa generalícia das Irmãs Basilianas de Roma (Claudia Feddish), à casa generalícia de Roma da comunidade ucraniana das Ancelle di Maria Immacolata (Jerome M. Chimy), à sede romana de Rinascita Cristiana (Marie-Louise Monnet); e, ainda, às arquivistas Ilenia Rinaldi, do Centro Italiano Femminile de Roma (Alda Miceli), Jane Stoeffler, dos Catholic University Archives (Catherine McCarthy), Janet Rabideau, do Loretto Archives Staff, e Jesune Arregui, da secretaria executiva da União Internacional das Superioras-gerais (Mary Luke Tobin), Jutta Müther, do arquivo do Katholischer Deutscher Frauenbund (Gertrud Ehrle), à irmã M. Simone Weber, da casa provincial das Povere Ancelle di Gesù Cristo (Juliana Thomas), à teóloga Isabel Gómez Acebo, pelos escritos que me fizeram chegar sobre Pilar Bellosillo, Gladys Parentelli e Luz María Álvarez Icaza; e a Teresa Rodríguez de Lecea, pela agradável conversa que tivemos, em Madri, sobre Pilar Bellosillo.

São importantes as intervenções do professor Antonio Autiero, que me permitiu uma conversa com a holandesa Anne-Marie Roeloffzen, do professor Guido Bausenhart, que me passou informações fundamentais sobre Hedwig von Skoda, da amiga Emma Cavallaro, presidente nacional da Associação Católica Internacional ao Serviço da Jovem, que me falou da sua amizade com Pilar Bellosillo, do cardeal Andrea Cordero Lanza di Montezemolo, pelas recordações da madre Amalia que quis partilhar comigo. Foram preciosas as indicações arquivísticas da professora Caterina Ciriello e a leitura atenta e discreta da teóloga Renata Bedendo.

Por fim, um agradecimento especial à presidente da Coordenação das Teólogas Italianas, Marinella Perroni, ao seu entusiasmo e à sua confiança na minha capacidade de realizar este livro por ocasião do aniversário do Concílio Vaticano II. Sem ela, nunca teria podido enfrentar esta tarefa.

Os desafios das mulheres

No dia 9 de novembro de 1869, um denso grupo de intelectuais reuniu-se em Nápoles, num anticoncílio, uma assembleia de livres-pensadores, em polêmica contra o Concílio Vaticano I (1869-1870), convocado para confirmar as condenações do Syllabus (1864), dirigidas ao mundo moderno.

O encontro napolitano foi selado por uma petição assinada também por 185 mulheres, em que – como afirmou a filósofa Marianna Florenzi Waddington (1802-1870) – se reivindicava

> a razão livre de qualquer autoridade religiosa, a independência do homem ante o despotismo da Igreja e do Estado, a solidariedade dos povos contra a aliança dos príncipes e dos padres [...], a emancipação das mulheres dos vínculos religiosos e legislativos, e a necessidade da instrução fora de qualquer intervenção religiosa, devendo a moral ser completamente independente desta intervenção.[1]

Este episódio do anticoncílio – que se liga à dolorosíssima fratura operada pelos católicos dissidentes, entre os quais muitas mulheres, que se separaram da Igreja romana em polêmica com o dogma da infalibilidade pontifícia,

---

[1] Angela Russo. "Aiutatrici instancabili dell'ardua impresa": partecipazione femminile all'Anticoncilio di Giuseppe Ricciardi (1869). *Archivio per la Storia delle Donne*, 3 (2007), pp. 59-81.

originando o nascimento da Igreja dos Velhos Católicos (1873)[2] – é o sintoma de uma profunda inquietação que atravessou a catolicidade dos finais do século XIX e da qual também as mulheres foram portadoras. Pelo contrário, esta sua tomada de consciência parece-nos particularmente surpreendente, se pensamos na pressão que a Igreja Católica exerceu no mundo feminino e não só. É verdade que as palavras ditas por Marianna Waddington refletem o pensamento de uma elite, mas também são sempre significativas de uma mudança de mentalidade que se ia afirmando e que verá cada vez mais mulheres protagonistas numa sociedade e numa Igreja em transformação.

Não tenciono percorrer aqui o tormentoso percurso que as mulheres encetaram nos cem anos que precederam o Concílio Vaticano II. Ele é conhecido e foi amplamente estudado, mas creio que é, de algum modo, oportuno tê-lo em conta, quando temos de avaliar, com olhos límpidos, o significado que o Concílio representou para as mulheres, as novidades com que para ele contribuíram, as roturas com o passado que provocaram. De fato, por mais reduzida e limitada que seja a sua presença no Concílio, foi preparada por um longo processo ligado tanto às pressões exercidas pelo mundo civil quanto às exigências de um mundo católico cada vez mais ativo e exigente. Os aguerridos grupos de pressão pela afirmação dos direitos das mulheres (de igualdade e de emancipação), o extraordinário trabalho realizado pela Ação Católica, que favoreceu a maturidade e empenho do laicado, as lentas mas significativas transformações em ato entre as comunidades

---

[2] Angela Berlis. Mieux que six évêques et douze professeurs. Amalie von Lasaulx (1815-1871) et la naissance du vieux-catholicisme en Allemagne. *Archivio per la Storia delle Donne*, 1 (2004), pp. 227-237.

religiosas femininas, os movimentos pioneiros, litúrgico, bíblico, ecumênico e pacifista, que atravessaram o século XX, e em que as mulheres se tornaram ativas, e ao qual levaram a linfa vital, propostas, ideias e provocações que os padres conciliares se viram obrigados a ter em conta.

Uma sociedade em transformação: os direitos das mulheres

Novecentos é considerado o "século das mulheres", na medida em que foi marcado pela afirmação gradual e progressiva de um novo paradigma antropológico que, ao pôr em discussão a concepção tradicional da mulher relegada pela "natureza" a papéis subordinados, rompeu esquemas antigos e pôs em campo novas dinâmicas identitárias. Como afirmou Simone de Beauvoir, na sua obra *O segundo sexo* (1949), o gênero feminino é uma construção cultural, educativa e social. Portanto, pode e deve ser modificado: a "natureza" não pode fixar deterministicamente os seus papéis e a sua identidade.

A partir de finais do séc. XIX, vão-se constituindo organizações, cooperativas, ligas, associações e federações que, embora com realces diferentes devidos às diferenciadas inspirações ideais, levaram adiante não só reflexões sobre a identidade da "mulher nova", mas também intervenções concretas para a defesa da sua dignidade no interior da família e da sociedade. Os movimentos de matriz liberal, socialista e cristã (tanto protestante como católica), o sufragismo, a Revolução Industrial, a reavaliação do sentimento, concorreram, nas diversas fases históricas que acompanharam os processos de democratização do Ocidente, para o reconhecimento dos direitos da mulher, inserindo-os na mais ampla defesa dos direitos humanos, que desembocaram na Declaração Universal dos Direitos do Homem das Nações Unidas, de 1948, e na Convenção sobre os direitos políticos das mulheres, de 1952.

Esse primeiro feminismo alimentou-se de análises dos princípios de paridade e de emancipação. A consciência da própria dignidade da mulher em relação ao homem (*igualdade*) e a consequente necessidade de subtraí-la ao secular estado de dependência (*emancipação*) são os fermentos que animaram os primeiros movimentos das mulheres e que viram a concretização, em nível tanto social como político, do reconhecimento dos direitos fundamentais da pessoa humana. Contudo, essas lutas pela conquista do voto, pelo acesso ao trabalho, pelo direito ao estudo, pelo apoio à maternidade não foram somente fruto de mera reivindicação política, mas sobretudo expressão de um profundo impulso ideal que levou a uma subversão radical da secular separação entre esfera pública e privada, entre papéis e funções do âmbito masculino e feminino,[3] e também à superação daquela insatisfação profunda das mulheres, que se sentiam relegadas a ambientes demasiado limitados.[4]

Consequentemente, os costumes foram-se alterando, graças também às conquistas tecnológicas que, irrompendo no cotidiano, ajudaram as mulheres, mais livres das incumbências domésticas, a procurarem novos espaços de realização: a invenção e a difusão dos eletrodomésticos (o

---

[3] Adriana Valerio. Donne e teologia nei primi trent'anni del'900. *Rassegna di Teologia*, 1 (2001), pp. 103-114. A reflexão religiosa desempenhou um papel não secundário no intercâmbio entre reflexões da fé e atividades emancipatórias.

[4] Refiro-me ao ensaio de 1963 de Betty Friedan. *La mistica della femminilità* (Milão, Edizioni di Comunità, 1976), que, ao falar da "mística da feminilidade", pela qual as mulheres se dedicavam exclusivamente ao marido, aos filhos e à casa, afirmava: "Não podemos continuar a ignorar aquela voz interior que fala das mulheres e diz: 'Quero alguma coisa mais que marido, filhos e casa'" (ibid., p. 27).

fogão a gás, a geladeira, o ferro elétrico de passar, a máquina de lavar), a chegada de luz elétrica nas casas, a água encanada, o quarto de banho e sanitários, a melhor atenção à saúde e ao corpo feminino, que fizeram com que se reduzissem drasticamente os riscos do parto e a mortalidade infantil, marcaram profundamente todos os setores da vida, mudando ao mesmo tempo também o modo de alimentar-se, vestir-se, usar o tempo livre, a linguagem e os comportamentos sociais.

O princípio igualitário pôs em questão o secular princípio hierárquico e todas [as mulheres], tanto as crentes como as não crentes, sentiram-se investidas por um compromisso direto de responsabilidade, sobretudo sobre temas importantes da vida coletiva. Portanto, o problema entre a identidade e a cidadania da mulher constituiu – nas palavras de Paola Gaiotti de Biase – "uma virada radical da história da humanidade [...], uma inversão, uma virada que muda o sentido da história humana".[5]

Uma Igreja a caminho

Também as comunidades religiosas femininas, a partir da Revolução Francesa e das leis de supressão que se lhe seguiram (1808-1866), tinham sofrido mudanças radicais, atravessadas por profundas lacerações. Para sobreviver, as consagradas teriam de descobrir formas diferentes de identidade comunitária, menos centradas num estilo de vida exclusivamente contemplativo e mais dirigidas para a realização de intervenções no âmbito social (educação, assistência), desempenhando um papel importante na

---

[5] CIF. *I cattolici e il voto alle donne*, dir. de Paola Gaiotti de Biase, Turim, SEI, 1996, p. 1.

mudança das estruturas e na adaptação a uma sociedade em contínua transformação. As religiosas compreenderam que as mulheres deveriam tornar-se parte ativa numa obra de redefinição do seu papel eclesial e iniciaram um irreversível processo de amadurecimento da sua identidade vocacional, conscientes de que desenvolviam com os homens de Igreja um trabalho de partilha nas funções pastorais e apostólicas, e já não de mera subsidiariedade.

O princípio do apostolado aberto às mulheres ia-se afirmando, cada vez mais, no mundo católico, já desde o início do séc. XX, não só como resposta à combatividade dos movimentos laicais, mas também como exigência de parte das próprias crentes que atuavam nos processos de mudança em ato, compreendendo que não somente o "mundo" não deveria ser condenado em bloco, num estilo de entrincheiramento ou de ensimesmamento, mas que também, precisamente através dos instrumentos da modernidade, se poderia relançar uma presença diferente dos crentes na sociedade e que as mulheres, mesmo tendo a consciência de que eram "humildes filhas da Igreja", deveriam tornar-se parte ativa nesta obra de renovação teológica e pastoral.

Também a missionariedade se tornou um elemento intrínseco e urgente de algumas comunidades na perspectiva do apostolado. O trabalho no estrangeiro tinha entrado nas iniciativas de alguns institutos religiosos femininos, que tinham dado um contributo considerável para a história das missões, tanto pelos ambientes de intervenção (escolas, orfanatos e hospitais) como pelo papel de mediadoras culturais que as religiosas desempenhavam naquele delicado processo de adaptação que brotava de cada ação de encontro de culturas. A liberdade de movimento das religiosas rompeu, efetivamente, as proibições sociais relativas à mobilidade espacial que lhes era impedida. Ao aceitar a mudança, elas comprometeram o círculo de proteção, adquiriram autonomia, substanciaram a sua individualidade e abriram novos horizontes para a sua inteligência. O apostolado no estrangeiro favoreceu o crescimento humano, a capacidade de gestão, a possibilidade de redefinir papéis e comportamentos, potenciando os processos de assimilação e de adaptação. Desse modo, a religiosa era convidada a repensar-se através de possibilidades inéditas que se lhe punham com a instrução, o trabalho e o compromisso/empenho apostólico, cada vez mais atenta à mediação entre o anúncio da fé e as exigências de um mundo complexo e contraditório. Além disso, nas terras de missão – as da América Latina, da África ou dos países orientais –, as próprias religiosas, quer por carência de clero, quer para ir de encontro às crescentes exigências, desempenharam papéis pastorais significativos nas comunidades locais, assumindo responsabilidades no desempenho de funções ministeriais inéditas.

Também o mundo monástico participou nessas mudanças. Pensemos na experiência das beneditinas italianas, como Margherita Marchi, Marta Moretti, Peppina Dore, Nilda Cabitza, Marzia Pietromarchi[6] que, antes do Concílio, abriram novas vias ecumênicas e missionárias no estilo da observância monástica.

---

[6] Cf. Giovanni Spinelli. Per la storia del monachesimo femminile italiano del Novecento: cinque vergini sagge nell'età di Margherita Marchi. In: Mauro Tagliabue (ed.). *Margherita Marchi (1901-1956) e le origini delle Benedettine di Viboldone*, Milão, Vita e Pensiero, 2007, pp. 85-101. É de interesse especial, para as transformações da vida religiosa, o texto de Lucetta Scaraffia. *Il concilio in convento*, Bréscia, Morcelliana, 1996.

Em tal redefinição do seu papel de apostolado no mundo, a cruz e o sofrimento vicário, a que as religiosas de finais do séc. XIX se sentiam chamadas para "reparar" as culpas privadas e públicas que marcavam a modernidade, nunca foram um lugar estratégico de defesa da fé, baluarte contra um mundo de que deviam fugir desdenhosamente. A vida religiosa renovou-se para entrar num diálogo, diferente e mais construtivo, com o mundo: "Recorrer às penitências de jejuns e de cilícios consome a vida, mas consumir a vida pelo apostolado é muito mais meritório", dirá, nos anos 1960, madre Tecla Merlo às Filhas de São Paulo.

Realce-se também a nova sensibilidade que se ia afirmando no mundo religioso acerca da necessidade do estudo para as mulheres. Recordemos, por exemplo, Luigia Tincani (1889-1976), formadora das universitárias da Federação Universitária Católica Italiana (Fuci) e das licenciadas católicas que, apercebendo-se da urgência da formação cultural das religiosas docentes, fundou em Roma, em 1939, o Instituto Universitário oficializado Maria Santíssima da Assunção, que, em 1989, transformar-se-ia na Libera Università Maria Santissima Assunta (Lumsa). Recordemos também a sagacidade da Irmã Madeleva Wolf (1887-1964), que, considerando que a cultura era fundamental para o crescimento humano feminino, fundou, em 1944, no colégio de Santa Maria em Notre Dame (Indiana, Estados Unidos da América), a primeira escola de doutoramento em teologia para mulheres.

Haveremos de encontrar estes fermentos – devidos a uma aproximação diferente aos problemas da sociedade e a uma nova consciência do seu papel no interior da Igreja – nas auditoras religiosas no Concílio, mulheres com grande personalidade e coragem que, como veremos, desempenharam um papel nada passivo nem "simbólico", mas, ao contrário, de grande responsabilidade em ajudar milhares de consorores, "transportando-as" a novas praias, sabendo gerir um difícil equilíbrio entre a fidelidade ao espírito fundador e a adaptabilidade às mudanças requeridas pelos tempos que exigiam novas respostas.

Leigas para a mudança na Igreja: as novas exigências da fé

O obscuro período que, com a condenação do modernismo (Encíclica *Pascendi Dominici gregis*, 1907), caiu como uma sombra repressora sobre a vida da Igreja durante cinquenta anos, bloqueando qualquer fermento de vivacidade espiritual e intelectual, de estudo e de diálogo, atacou também as mulheres. A sua presença no interior daquele movimento amplo e complexo chamado "modernismo" está ainda pouco estudada; mas, dos poucos elementos que resultam das pesquisas arquivísticas feitas, emergem os testemunhos de mulheres com fé pensante e operosa, que souberam pôr elementos de crescimento cultural, enxertando significativos elementos de rotura com o passado.

Entre elas, recordemos a figura de Dora Melegari (1849-1924), que, em 1894, fundou com Antonietta Giacomelli (1857-1959) a Unione per il Bene (União para o bem), uma associação interconfessional para ajudar os pobres, aberta aos dois sexos, para favorecer encontros culturais e filantrópicos; ao lado de sacerdotes e leigos, também as mulheres puderam descobrir, meditando sobre o Evangelho e praticando a caridade partilhada com pessoas pertencentes a outras confissões cristãs, uma fé ecumênica, ativa e eficaz. O romance de Dora Melegari, *Âmes dormantes* (Paris, 1900), depois traduzido para o italiano com o título *Il Sonno delle anime* (Milão, 1903), exprimia uma profissão de fé católica que, porém, não renunciava a considerar não só o valor do primado da consciência e do "livre exame" de derivação protestante, mas também uma fé simples e sincera de matriz tolstoiana.[7] Dora era uma das mais apaixonadas cultoras da "nova mulher", da mulher aberta ao diálogo, que sabia exprimir uma espiritualidade tolerante e ecumênica.

Também Antonietta Giacomelli estava ligada ao Modernismo. Em Treviso, norte de Itália, recepcionava habitualmente não só Antonio Fogazzaro, Giovanni Semeria, Paul Sabatier e Romolo Murri, mas também os bispos Geremia Bonomelli e Giovanni Battista Scalabrini, de inspiração rosminiana, favoráveis a uma reconciliação entre o Estado italiano e a Igreja Católica. Foi neste ambiente que, entre 1904 e 1907, escreveu a sua obra mais famosa, *Adveniat Regnum Tuum*, uma trilogia de meditações que compreendia "A missa", "O ritual cristão" e "O ano cristão", que orientavam sobre a participação ativa dos fiéis no rito da missa, desejando a sua celebração em italiano, um maior envolvimento dos leigos na vida da Igreja e um ecumenismo a ser vivido como um momento de salvação universal. Quando os seus escritos foram incluídos no *Index* em 1921, e ela própria foi declarada excomungada *vitanda* – que tem de ser evitada –, comentou a condenação atribuindo-a a um trágico erro de todos os que tinham entendido "este despertar dos espíritos e das consciências [...], este grande

---

[7] Roberta Fossati. Dal salotto al cenacolo: intellettualità femminile e modernismo. In: Maria Luisa Betri, Elena Brambilla (eds.). *Salotti e ruolo femminile in Italia tra fine Seicento e primo Novecento*, Veneza, Marsilio, 2004, pp. 455-473.

movimento de reconquista cristã que se ia manifestando na Igreja Católica e que os adversários quiseram diminuir dando-lhe o nome de Modernismo".[8]

Estava convencida de que a cultura religiosa das mulheres devia ser bebida na Sagrada Escritura e na Patrística, e que isto haveria de favorecer a sua promoção cultural a fim de se iniciar uma profunda reforma social e cristã. Defender a dignidade da mulher também significava potenciar a sua vida intelectual.[9]

Também Valeria Paola Pignetti (1875-1961), conhecida como Irmã Maria e fundadora do ermitério de Campello, em Clitumno (Úmbria, Itália), foi durante muito tempo hostilizada pela Igreja por causa das suas "amizades sem fronteiras", não somente com não católicos como Gandhi e Albert Schweitzer, mas também com "padres inquietos" como Ernesto Buonaiuti,[10] o Padre Primo Mazzolari e Michele Do. A experiência da Irmã Maria e da densa rede de relações que soube tecer com todos, crentes e não crentes – para ela, a Igreja é "a comunhão de quem crê, espera e ama" – , representou um pequeno, mas palpável, sinal de caminhada ecumênica, de renovação monástica,

---

[8] Antonietta Giacomelli. *Per la riscossa Cristiana*. Milão, Libreria editrice milanese, 1913, p. I.

[9] Anna Scattigno. Antonietta Giacomelli. In: Eugenia Roccella, Lucetta Scaraffia (eds.). *Italiane. Dall'unità d'Italia alla prima guerra mondiale* (1861-1914), v. 1, Roma, Presidenza del Consiglio dei Ministri, 2004, pp. 97-100.

[10] Houve diversas mulheres ligadas a Ernesto Buonaiuti e à sua comunidade denominada *Koinonia*, que levaram adiante ideias de reforma e de renovação através da leitura do Evangelho. Entre elas, Isabella Grassi: cf. Fiorenza Taricone, Isabella Grassi. Diari (1920-1921). *Associazionismo femminile e modernismo*. Génova, Marietti 1820, 2000, onde também há uma referência aos chamados círculos modernizantes e aos salões dirigidos e frequentados por mulheres com uma idealidade religiosa forte.

de liberdade de consciência e de redescoberta bíblica, que anteciparam e prepararam a viragem do Vaticano II.

Mas vale ainda mais a pena recordar Elisa Salerno (1873-1957), que, juntamente com Adelaide Coari (1881-1966) e Elena da Persico (1869-1948), fez nascer um novo modelo de "feminismo católico" empenhado, no campo social e eclesial. Na sua busca de uma fé antidogmática e aberta às questões sociais, Elisa Salerno tinha encetado uma reflexão teológica que, embora por um lado procurasse arrancar as "heresias antifeministas" existentes no pensamento de Tomás de Aquino (*Per una riabilitazione della donna*, 1917), por outro, enfrentava corajosamente uma releitura "feminista" do Texto Sagrado (*Commenti critici alle note bibliche antifeministe*, 1926; *La donna in S. Paolo*, 1952; *Porrò inimicizia tra te e la donna*, 1954), para recuperar a verdadeira figura bíblica da mulher, que foi deturpada pela má e malévola interpretação dos homens de Igreja.

Ela, "fiel em tudo à religião católica, exceto no antifeminismo",[11] tinha identificado na Escritura, ou melhor, na sua má interpretação, os fundamentos daquela exclusão feminina que tão duramente caracterizara a história humana. Mas, ao relê-la, Elisa Salerno soube captar também aqueles elementos de novidade representados pela forte presença feminina na história da salvação e pela mensagem de Jesus, que tinha libertado as mulheres da marginalidade, restituindo-lhes uma dignidade autêntica. Desse modo, tentou aproximar dois termos que, na Igreja do seu tempo, eram inconciliáveis, feminismo e catolicismo, dado que, então, as reivindicações pelos direitos das

---

[11] Michela Vaccari. *Lavoratrice del pensiero. Elisa Salerno, una teologa ante litteram.* Cantalupa (to), Effatà, 2010, p. 27; Elisa Vicentini. *Una chiesa per le donne. Elisa Salerno e il femminismo cristiano*, Nápoles, D'Auria, 1995.

mulheres eram assimiladas ao laicismo, ao livre-pensamento e ao socialismo, que a Igreja condenava em bloco, temendo a subversão da ordem doutrinal e social.

Mas já em 1931, outra católica, Marie Lenoël, por ocasião da abertura da seção francesa da associação católica Aliança Internacional Joana d'Arc (St. Joan's International Alliance),[12] disse que teria sido o momento de mostrar não só que se pode ser "feminista, apesar de católica", mas também e sobretudo "feminista porque católica".

Às portas do Concílio

A Aliança Internacional Joana d'Arc, nascida em 1911 na Inglaterra, com o objetivo de realizar a paridade das mulheres na sociedade e na Igreja, também estava aberta a homens, embora como membros associados, não ligados a um partido.[13] Nos primeiros anos da sua atividade (de 1911 a 1960) empenhou-se, através de métodos constitucionais e não violentos, para obter direitos políticos (voto),

---

[12] No dia 8 de dezembro de 1910, na Inglaterra, duas mulheres católicas, Gabrielle Jeffery (1886-1940) e May Kendall (1861-1943), encontraram-se por acaso fora da prisão de Alloway, em Londres, onde estavam à espera da libertação de algumas amigas sufragistas. Deste encontro nasceu a decisão de fundar uma associação, a Catholic Women's Suffrage Society, para colocar-se ao lado das organizações já existentes empenhadas na campanha pelo voto político das mulheres. Gabrielle Jeffery trabalhou na Aliança até à morte; May Kendall depressa abandonou a associação, mas juntou-se-lhe Beatrice Gadsby (1878-1973), que fora membro da Women's Social and Political Union. As três promotoras conseguiram envolver um pequeno número de mulheres que, pela primeira vez, se reuniram em Londres em 25 de março de 1911, escolhendo como patrona a figura emblemática de Joana d'Arc, e assumindo, em 1923, o nome de St. Joan's Social and Political Alliance, que, em 1991, se tornou St. Joan's International Alliance. Para estas notícias, ver a tese de Anna Anita Ruggiero, *Alleanza Santa Giovanna d'Arco*, Universidade de Nápoles Frederico II, 1992-1993.

[13] Note-se que, nos anos vinte, o Padre Sturzo, no seu exílio londrino, teve contatos com a associação, escreveu alguns artigos no *Catholic Citizen* e tornou-se membro associado.

direitos no trabalho (salário igual), leis de regulamentação da prostituição, tutela das mulheres na contratação do matrimônio (livre consentimento, idade não inferior aos 14 anos, supressão da instituição do dote), em relação aos direitos das mulheres nos países subdesenvolvidos, direito à educação.[14]

A estas atividades, muito rapidamente se juntou uma outra mais consentânea com a dimensão religiosa. Magdeleine Leroy-Boy, presidente de 1959 a 1977, imprimiu uma viragem na associação, direcionando-a para novos campos, e empenhou-se para que as mulheres pudessem ter um papel diferente e mais ativo na Igreja, em relação ao passado.[15] O apelo de João XXIII dirigido aos leigos, para que exprimissem as suas exigências antes da abertura do Concílio, pareceu uma oportunidade que não se podia perder. Conscientes da possibilidade de que poderiam reler de maneira crítica a tradição, enquanto produto de culturas antifeministas, e que poderiam modificar o Direito Canônico, que considerava as mulheres como eternas menores necessitadas de tutela, as mulheres da Aliança formularam as primeiras exigências.[16]

No Congresso de Londres de 1961, considerando que o impedimento na participação das mulheres no ministério sacerdotal não teria base escriturística, exigiu-se um

---

[14] Kathleen Fitzgerald foi a primeira presidente da associação. O órgão oficial foi, desde 1911, a revista *Catholic Citizen*. De 1911 a 1972, a sua sede estava em Londres, sendo depois transferida para Genebra.

[15] Em 1936, abriram-se as sedes brasileira e australiana. Depois da guerra, nasceram seções em Malta, Alemanha, Argentina e Holanda; em 1965, a dos Estados Unidos; em 1966, a belga e a canadense. A sede italiana foi aberta em 1985.

[16] Já em 1958, houve um pedido de modificação da liturgia nupcial, para que obrigação de fidelidade não se dirigisse somente à mulher, mas a ambos os esposos. Resolução que foi reafirmada em 1961, em Londres, em 1962, em Orléans e, em 1963, em Friburgo.

diaconado para os leigos, aberto às mulheres; esta resolução foi levada pessoalmente a Roma, pela presidente Leroy-Boy, e entregue na secretaria da Comissão preparatória para o Apostolado dos Leigos para que fosse examinada. Foi novamente reproposta em maio de 1962, no *meeting* de Orléans (França), a que se juntou o pedido, em ordem à abertura do Concílio, de convidar os leigos (homens e mulheres) como observadores. Os membros da secção inglesa também se dirigiram ao arcebispo de Westminster, John Carmel Heenan, pedindo-lhe que pressionasse os padres conciliares para que fizessem com que as mulheres tomassem parte no Concílio. O arcebispo mostrou-se favorável e a Aliança enviou, em agosto de 1964, uma carta ao Cardeal Leo Jozef Suenens, sugerindo o nome da Presidente Leroy-Boy como candidata. No dia 8 de dezembro de 1964, Paulo VI anunciou que algumas mulheres iriam tomar parte na terceira sessão. Foi eleita Rosemary Goldie, pessoa próxima da associação.

Durante o Concílio, multiplicaram-se os pedidos da Aliança para que as mulheres pudessem aceder aos estudos teológicos e ao sacerdócio, para que se revisse o direito canônico a fim de abolir todas as referências de discriminação em relação às mulheres (Friburgo 1963, Antuérpia 1964, Roma 1965). Mas foi, sobretudo, graças às ações de novos membros que a Aliança se tornou mais incisiva. Refiro-me à jurista suíça Gertrud Heinzelmann (1914-1999), às teólogas alemãs Theresia Josefa Münch (1931-), Iris Müller (1930-2011) e Ida Raming (1932-), e à historiadora inglesa Joan Morris (1901-1988).[17]

---

[17] Ou ainda Catharina Halkes (1920-2011), futuro membro da associação, que, em *Storm na de Stilte* (Utreque, 1964), sustentava que a Igreja era um corpo em contínua evolução e que a questão do sacerdócio feminino fosse aberta, por causa da fraqueza dos argumentos que o excluíam.

"Já não podemos calar-nos"

No dia 23 de maio de 1962, a jurista Heinzelmann[18] tinha enviado à Comissão Preparatória para o Apostolado dos Leigos um documento pelo direito de voto das mulheres, *Die Staatsbürgerin*, publicado com o título *Frau und Konzil – Hoffnung und Erwartung* ["A mulher e o Concílio – Esperança e expectativa"] no órgão da Associação de Zurique. Pedia publicamente que na Igreja católica, tendo por base a igualdade proclamada, as mulheres tivessem acesso ao diaconado e ao sacerdócio. Este pedido suscitou o interesse das jovens teólogas alemãs Ida Raming, Iris Müller e Theresia Münch, e das americanas Rosemary Lauer[19] e Mary Daly. Esta tencionava estudar teologia, mas, como nenhuma universidade dos Estados Unidos da América concedia esse doutoramento a uma mulher, no fim dos anos 1950 transferiu-se para a Suíça, inscrevendo-se na Universidade de Friburgo, onde foi a primeira americana a diplomar-se em 1964.[20]

---

[18] Gertrud Heinzelmann, atenta às questões femininas, estava preocupada não só com a discriminação contra as mulheres na Igreja Católica, mas também, e em particular como jurista nos exórdios, com o status de inferioridade das mulheres na Suíça, onde não tinham direito a voto. Por isso, empreendeu a luta pelos direitos políticos das mulheres, como vice-presidente da Associação Suíça para o Direito de Voto às Mulheres e presidente (e, posteriormente, vice-presidente) da congênere de Zurique.

[19] Rosemary Lauer, docente de Filosofia na St. John's University de Nova York (EUA), quis ter informações sobre esta exigência conciliar; publicou vários artigos dedicados ao tema "Mulheres e Igreja", na célebre revista americana *Commonweal*.

[20] Mary Daly (1928-2010), no correio dos leitores da revista *Commonweal*, de 14 de fevereiro de 1964, reconheceu ter sentido vergonha por si própria e por todas as mulheres que, "conhecendo o estatuto semi-humano da mulher na Igreja, ficam igualmente em silêncio". Em janeiro de 1965, durante o Concílio, consciente de que a Igreja se fechava às mulheres, começou a trabalhar na redação do *The Church and the Second Sex*, publicado em 1968. Sentada no setor reservado à comunicação social, assistiu a algumas assembleias conciliares, permanecendo perturbada por ver as auditoras "humildes e

É interessante recordar que Ida Raming e Iris Müller tinham apresentado o documento a alguns professores da Faculdade Católica de Teologia, da Universidade de Münster. Dentre estes, Peter-Josef Kessler, docente de Direito Canônico, permitiu que Ida Raming preparasse uma tese sobre os fundamentos dogmáticos e jurídicos do cânon 1024, que excluía as mulheres da Ordem sagrada. O trabalho, que demonstrava que a exclusão das mulheres do sacerdócio se fundaria na ideia da sua inferioridade ontológica e ética, tinha partido da tese datilografada de Haye van der Meer, sj, redigida sob a direção de Karl Rahner, e que este não quis mandar publicar antes do fim do Concílio, para evitar represálias da parte do corpo docente eclesiástico.[21]

Por seu lado, a teóloga alemã Theresia Münch já tinha escrito algumas vezes a Pio XII (em 1953 e em 1954), com o pedido explícito de que concedesse a ordenação às mulheres. Pouco antes do início do Vaticano II, no dia 3 de outubro de 1962, enviou a João XXIII, ao secretário do Concílio e aos bispos de língua alemã uma carta e um documento de 14 páginas, em que se declarava a favor do sacerdócio feminino, pedindo, entre outras coisas, que as mulheres fossem explicitamente mencionadas, quando se falasse de "homens", e que as teólogas fossem convidadas para o Concílio.

---

modestas" diante de "arrogantes príncipes da Igreja" (Mary Daly, *Prefazione autobiográfica*. In: Id. *La Chiesa e il secondo sesso*. Milão, Rizzoli, 1982, p. 12).

[21] A tese de Ida Raming era de 1969, mas foi publicada em 1973 com o título *Der Ausschluss der Frau vom priesterlichem Amt – Gottgewollte Tradition oder Diskriminierung?* [A mulher excluída do ministério sacerdotal – tradição segundo a vontade de Deus ou discriminação?]. A tese de Haye van der Meer (Insbruque, 1962) consistia numa aproximação crítica às justificações exegéticas, histórico-dogmáticas e doutrinais da exclusão das mulheres do sacerdócio, chegando à conclusão de que todos os argumentos tradicionais eram destituídos de fundamento e não podiam demonstrar um *ius divinum*, um direito divino.

O conhecimento e o intercâmbio de ideias entre as seis mulheres conduziram, em 1964, a um livro anglo-germânico, publicado sob o nome de Gertrud Heinzelmann: *"Wir schweigen nicht länger!" Frauen äussern sich zum II. Vatikanischen Konzil – We Won't Keep Silence Any Longer! Women Speak Out to Vatican Council II* ["Já não podemos continuar em silêncio!" As mulheres exprimem o seu parecer no Concílio Vaticano II].[22] Ele contém, além do ensaio de Heinzelmann, os pedidos conciliares das teólogas Münch, Müller e Raming, e os artigos de Rosemary Lauer e Mary Daly, do mesmo período. Os pedidos feitos pelas jovens teólogas comportavam uma análise crítica da antropologia de Tomás de Aquino e, sobretudo, das várias justificações bíblicas e doutrinais relativas à exclusão da mulher do sacerdócio; reclamavam a igualdade absoluta das mulheres na instituição eclesial católica romana, insistindo numa reforma da linguagem litúrgica, profundamente no masculino.

Graças à colaboração eficaz do padre beneditino Placidus Jordan, jornalista e teólogo, o público católico foi informado da existência do livro, suscitando não poucas reações.

Portanto, nas suas intervenções, essas seis mulheres acentuavam, essencialmente, três pontos fulcrais: a questão litúrgica, bíblica e eclesial. Inserindo-se no amplo movimento litúrgico nascido no início de 1900, que tinha visto o empenho de homens e mulheres em superar o mal-estar dos crentes de serem espectadores mudos de uma

---

[22] *Wir schweigen nicht länger! Frauen äussern sich zum II. Vatikanischen Konzil*, Zurique, Interfeminas, 1964.

ação ritual já não compreensível,[23] as teólogas atraíam a atenção sobre a recuperação do protagonismo litúrgico dos fiéis, dos papéis que se deviam valorizar através do sacerdócio comum e sobre a introdução de uma linguagem simbólica inclusiva, que desse visibilidade às mulheres.

Ao mesmo tempo, propunha-se novamente o tema eclesiológico que havia atraído a atenção sobre o laicato, graças aos trabalhos – nos anos 1950 – dos teólogos Jean Daniélou, Yves Congar e Karl Rahner, que, partindo da Bíblia, tinham proposto uma visão positiva do laicato, reclamando o seu papel sacerdotal-profético-real, abrindo para muitas outras, e mais amplas, reflexões sobre a Igreja, sobre a sua vida íntima e sobre a sua missão.

Naqueles mesmos anos, na Itália, Adriana Zarri (1914-2010) interveio, em 1962, no limiar do Concílio, com o livro *La chiesa nostra figlia* (Vicenza, La Locusta, 1962). A sua crítica ao triunfalismo clerical prefigurava os temas da reforma da Igreja, o desenvolvimento de um modelo de "comunhão", de unidade mais mística do que jurídica, livre de hegemonias e rica de carismas. Com esta dimensão, repensava as relações e os papéis de todos os membros da Igreja, a começar pelo laicato e pela mulher, libertados dos limites apertados dos estereótipos culturais.

Além disso, recordamos a presença em Roma, durante o Concílio, da norueguesa Kari Elisabeth Børresen, que levava adiante as suas pesquisas, já iniciadas em 1961, relativamente à influência da antropologia androcêntrica

---

[23] Recordemos também a literata carmelita Oda Schneider (1892-1987), a culta monja beneditina Aemiliana Löhr (†1972), a criativa americana Justine Ward (1879-1975) e a erudita holandesa Christine Mohrmann (1903-1988), como alguns dos exemplos ainda pouco estudados de mulheres empenhadas na reforma litúrgica.

de Agostinho e de Tomás de Aquino na formação da doutrina cristã.[24]

Outro tema, embora ainda não o último, que batia à porta do Concílio, era o da paz.

Três mulheres tinham recebido o Nobel da paz: a austríaca Bertha von Suttner (1843-1914), presidente honorária do Gabinete Internacional para a Paz,[25] em 1905; e as americanas Jane Adams (1860-1935), em 1931, e Emily Greene Balch (1867-1961), em 1946, ambas da Liga Internacional das Mulheres para a Paz e a Liberdade,[26] portanto, representantes de um vasto movimento a que pertenciam mulheres empenhadas na construção de uma comunidade internacional fundada não em relações de força, mas de respeito. Desse modo, não é por acaso que a União Mundial das Organizações Femininas Católicas (UMOFC), que agrupava 36 milhões de mulheres de 110 organizações nos 5 continentes, escolheu como tema do seu Congresso de 1952: *A paz mundial e a responsabilidade da mulher cristã*. Em janeiro de 1964, essa União pedirá à secretaria-geral do

---

[24] Estas pesquisas conduzi-la-ão à sua famosa tese de doutoramento em filosofia: *Subordination et Equivalence. Nature et rôle de la femme d'après Augustin et Thomas d'Aquin*. Oslo, Universitetsforlaget, 1968 (trad. it. *Natura e ruolo della donna in Agostino e Tommaso d'Aquino*. Assis, La Cittadella, 1979).

[25] O "Bureau International permanent de la Paix" (Gabinete Internacional Permanente da Paz) é a mais antiga associação humanitária mundial para a difusão da ideia do pacifismo (1891). Bertha von Suttner, que fora secretária de Alfred Nobel, escreveu em 1889 *Die Waffen nieder!* [Abaixo as armas!], afirmando a necessidade de um desarmamento total de todas as nações e a instituição de um tribunal de arbitragem que resolvesse os conflitos internacionais recorrendo ao direito, e não à violência.

[26] A Women's International League for Peace and Freedom (WILPF) era uma associação exclusivamente de mulheres, fundada em 1925 para pedir a todos os chefes de Estado que parassem a guerra não pelo armistício, mas por um acordo tácito. Lembramos também as reflexões de Virgínia Woolf, na sua obra *Three Guineas* [Os Três Guinéus] de 1936, em que sublinhava que a guerra nascia da prepotência e da violência próprias do código masculino, que se impuseram no âmbito religioso, econômico e político.

Concílio a nomeação de mulheres auditoras no Concílio. Propôs os nomes de Marie du Rostu, vice-presidente, e de Carmela Rossi, do gabinete da mesma UMOFC, Pilar Bellosillo, presidente da UMOFC, Maria Vendrik, presidente da Federação Mundial da Juventude Católica Feminina, Rosemary Goldie e Marguerite Fiévez, do Comitê Permanente dos Congressos Internacionais para o Apostolado dos Leigos, Catherine Schaefer, do Gabinete para os Assuntos da ONU do National Council of Catholic Women. Adiante voltaremos a encontrar estes nomes, exceto o de Carmela Rossi (1903-1969), que, em 1959, foi nomeada vice-presidente-geral da Ação Católica Italiana, com delegações para as relações com as organizações católicas internacionais e para os problemas femininos, e que trabalhou com empenho e tenacidade "nos bastidores".

Inscrevem-se neste anseio de entendimento e unidade da família humana não somente a experiência extraordinária de Chiara Lubich e do Movimento dos Focolares, fundado em 1943, mas também as lutas das pacifistas católicas Dorothy Day (1897-1980), fundadora do movimento Catholic Worker [Trabalhador Católico], em 1933, e Eileen Egan (1912-2000), cofundadora da seção americana de Pax Christi (1962). Encontramos a ambas no Concílio. Em 1963, Dorothy Day era uma das cinquenta "mães pela paz" que foram a Roma agradecer ao Papa João a sua Encíclica *Pacem in terris*.[27] Eileen Egan exerceu uma notável influência na redação das declarações sobre a paz do Concílio Vaticano II. Graças a ela, em 1987, as Nações Unidas reconheceram a objeção de consciência como um direito humano universal.

---

[27] Sobre a extraordinária vida de Dorothy Day, cf. Caterina Ciriello, *Dorothy Day. Le scelte dell'amore*, Roma, Lateran University Press, 2011.

Um novo Pentecostes

Para espanto de muitos, no dia 25 de janeiro de 1959, o Papa João XXIII anunciou não somente um sínodo diocesano para Roma, a revisão do Código de Direito Canônico, mas também, e sobretudo, a abertura de um Concílio ecumênico, que haveria de representar uma mudança de rota da Igreja em relação ao mundo.

No dia de Pentecostes de 1960, o Papa abriu a sua fase preparatória, com o objetivo de trabalhar para a renovação da Igreja e pela unidade dos cristãos, e todos, inclusive as escolas teológicas que, nos anos precedentes, tinham despertado algumas preocupações à Santa Sé, eram chamados a participar e a dar o seu contributo.

Por isso, congregações religiosas, organismos internacionais e crentes individuais começaram uma série de iniciativas para poder manifestar as suas ideias, expor os seus pedidos e propostas,[1] apelando não só à experiência já amadurecida em contato com os problemas da sociedade industrial e pós-bélica, mas também aos estudos que abriam a perspectivas diferentes relativamente à tradição. De fato, circulavam os trabalhos de Congar, De Lubac, Rahner e von Balthasar, que preparavam para novas

---

[1] Sobre este trabalho preparatório, fala amplamente Rosemary Goldie, Lay Participation in the Work of Vatican II. In: *Miscellanea Lateranense*, Roma, Latrão, 1974-1975, pp. 503-525.

visões eclesiológicas, valorizando o papel dos leigos; os de Suenens, que abriam às mudanças que haveriam de permitir às religiosas um apostolado de maior fôlego;[2] os de Daniélou e de Arnold, que, embora timidamente, reliam a tradição e abriam a uma presença diferente da mulher na Igreja.[3]

A alocução *Mater Ecclesia*, de 11 de outubro de 1962, encerrou o período das condenações, para recuperar o diálogo com o mundo moderno e restabelecer a dimensão pastoral da Igreja. Encontrávamo-nos na presença daquilo a que o Papa Roncalli chamou de um "novo Pentecostes", uma experiência de Igreja que sabia "reconhecer os sinais dos tempos e olhar para longe". Ele olhava para muito longe e muito profundamente. Mas, embora estivesse ligado a uma imagem tradicional do papel feminino, caracterizado – "por natureza" – pela vocação de cuidado maternal, ao contrário dos Papas precedentes, que temiam um perigo de subversão nas transformações da sociedade e dos papéis entre os seus componentes – como a posição da mulher –, tinha sabido perceber nos pedidos das mulheres uma aspiração à dignidade, que se deveria acolher e potenciar: os dinamismos da história não seriam rejeitados, mas assumidos como valor, porque interrogavam a consciência de cada pessoa de boa vontade para responder às necessidades reais da humanidade oprimida.

Com a Encíclica *Pacem in terris*, de 11 de abril de 1963, o Papa tinha dado um forte impulso ao movimento das

---

[2] Leo Jozef Suenens. *La promotion apostolique de la religieuse*. Bruges-Paris, Desclée de Brouwer, 1962.

[3] Franz Xaver Arnold. *La femme dans l'Église*. Paris, Éditions Ouvrières, 1955; Jean Daniélou. Le ministère des femmes dans l'Église ancienne. In: *La Maison-Dieu*, 1 (1960), pp. 70-96.

mulheres, reconhecendo a sua emancipação como um importante e positivo "sinal dos tempos", orientando, desse modo, o mundo católico para aqueles elementos de libertação que podiam ajudar a sair de aviltantes situações de opressão. A encíclica chamou a atenção para a relação entre a paz, a liberdade e a dignidade do ser humano: fundamentos da convivência pacífica dos povos e da construção da única família humana.[4]

Por isso, reconhecida a dignidade igual de todos os seres humanos, na mulher, que entrou de pleno direito na vida pública, "torna-se cada vez mais clara e operante a consciência da sua dignidade. Sabe que não pode permitir que a considerem e tratem como instrumento; exige que seja considerada como pessoa, tanto no âmbito da vida doméstica como no da vida pública" (§ 22).

Contudo e de fato, esse reconhecimento não se traduz num acolhimento das mulheres no Concílio e, embora o tivesse querido, João XXIII, que faleceu logo em 3 de junho de 1963, não conseguiu abrir-lhes uma possibilidade de participação.

Durante a primeira sessão do Concílio não estiveram lá mulheres, exceto umas poucas jornalistas que, além do mais, não foram admitidas a todos os encontros preparatórios nem, coisa ainda mais surpreendente, a receber a Eucaristia em São Pedro, durante as assembleias gerais. Durante uma missa ecumênica, um elemento da guarda Suíça impediu fisicamente Eva Fleischner, jornalista do *Grail Notes*, de receber a comunhão juntamente com os

---

[4] Raniero La Valle. *Pacem in terris. L'enciclica della liberazione*. Florença, Cultura della Pace, 1987.

outros jornalistas do sexo masculino.⁵ Esta exclusão provocou algum, não pequeno, espanto, e foi aplicada também a pessoas ilustres: não só à cunhada do Papa Montini – entretanto, eleito pontífice, com o nome de Paulo VI –, mas também à senhora Nhu, esposa de Ngô Đinh Nhu, irmão do presidente do Vietnã, assassinado no dia 2 de novembro de 1963, durante um golpe de estado, e à cunhada de Ngô Đinh Thục, arcebispo de Hué que, no dia 2 de dezembro, exatamente um mês depois do atentado, quis celebrar uma missa no Vaticano em memória do seu irmão. Só foi permitido aos filhos varões receberem a Eucaristia, mas não às filhas, por serem mulheres.⁶

Os primeiros indícios de mudança registraram-se na segunda sessão, no momento em que o Cardeal Suenens, em 22 de outubro de 1963, ao falar da Igreja e dos dons que o Espírito derrama sobre todos os seus membros, propôs que se convidassem também mulheres auditoras, acrescentando ironicamente: "Parece-me que as mulheres constituem quase 50% da humanidade" e observando, com igual dose de ironia, que as religiosas – que também pertencem à Igreja! – eram mais de um milhão. A intervenção foi aplaudida, mas também suscitou muitos receios e preocupações de alguns presentes, entre os quais

---

⁵ Carmel Elizabeth McEnroy. *Guests in Their Own House. The Women of Vatican II*, Nova York, Crossroad, 1996, p. 99. Eva Fleischner, nascida em Viena, em 1925, filha de um judeu convertido, fora pioneira entre os judeus e os católicos, e ainda continua empenhada não somente em manter viva a memória do Holocausto, mas também em levar adiante estudos sobre o antijudaísmo presente na Igreja. Faz parte do Movimento de Apostolado Feminino Graal, fundado em 1921, na Holanda.

⁶ Joseph A. Komonchak. L'ecclesiologia di comunione. In: Giuseppe Alberigo (ed.). *Storia del Concilio Vaticano II* – v. 4 (*La chiesa come comunione*, ed. it. a cargo de Alberto Melloni, Bolonha, Il Mulino, 1999, p. 41). A proibição durou até 16 de setembro de 1964, quando 4 auditoras receberam a comunhão eucarística durante a missa conciliar.

os do Cardeal Slipyj, que relembrou a proibição paulina de 1 Coríntios 14,34: "As mulheres estejam caladas nas assembleias", para justificar o papel passivo mais condizente com as mulheres.[7]

Em 24 de outubro de 1963, Georges Hakim da Galileia, arcebispo melquita, atraiu a atenção dos padres conciliares para o fato de não se mencionarem as mulheres no esquema sobre a Igreja.

Segundo o testemunho de Rosemary Goldie, Paulo VI teria querido nomear algumas mulheres já em 1963, quando foram convidados 13 auditores masculinos a assistirem às sessões conciliares, mas as "insistências pouco oportunas, em vez de facilitarem este gesto, fizeram com que se adiasse mais um ano".[8] De fato, foi só em 8 de setembro de 1964 que o Papa anunciou a "participação de algumas mulheres qualificadas e devotas nas sessões do Concílio".

Esta possibilidade aberta às mulheres não foi aprovada nem apoiada por todos, mas também houve quem concordasse e simpatizasse com ela. Em outubro de 1964, o Bispo Albino Luciani, da diocese de Vittorio Veneto, do patriarcado de Veneza (Itália), exprimiu no jornal *Avvenire* o seu agrado relativamente à presença das auditoras no Concílio.[9] Contrastando com o desapontamento expresso por muitos clérigos, evidenciava a importância da

---

[7] Ibid., p. 42. Lembremo-nos de que, durante a segunda sessão, o comitê executivo da World Federation of Female Catholic Young e a International Union of Catholic Women dirigiram-se ao Papa, pedindo que as mulheres fossem admitidas como auditoras.

[8] Rosemary Goldie, *Paolo VI e i problemi ecclesiologici al Concilio*, Bréscia, Queriniana, 1989, p. 204, nota 4.

[9] [Maria Clara Bianchi], *Il postconcilio e la suora. Documentazione relativa all'attività di madre Costantina Baldinucci come "uditrice" al Concilio Ecumenico Vaticano II nella III e IV sessione*, Viboldone, Tip. S. Benedetto, 1967, pp. 86-89. A carta é reproduzida integralmente, com o título "Anche le donne al Concilio". In:

iniciativa do Papa e previa que a presença das mulheres "não se reduzirá a puro símbolo, [porque] fora das assembleias, as comissões conciliares pedir-lhes-ão pareceres e elas poderão transmitir os seus pontos de vista, sugestões e observações".

Além disso, a quem objetava que a presença das mulheres se opunha ao ensino do apóstolo Paulo, que lhes tinha proibido de falar em público, Luciani respondeu com ironia e sagácia: "(Na minha opinião) São Paulo deu aquela proibição de falar só às mulheres de Corinto e para aquele momento concreto". E, para apoiar a iniciativa do Papa, ele percebia nessa participação a dimensão profética de uma Igreja dos carismas, que chamava a uma participação mais responsável:

> Hoje, os leigos sentem-se adultos, maturos e instruídos; acabaram por conhecer a parte importante que os simples fiéis desempenhavam nos primeiros séculos da Igreja, sentem-se mal com o paternalismo sacerdotal que se instaurou, estão pouco dispostos a só receberem ordens em matérias em que se sentem pessoalmente competentes. Estão a tomar consciência de que são, de algum modo, sacerdotes e querem poder fazer alguma coisa que lhes seja específica, e que a missa e muitas outras coisas sejam e pareçam um pouco menos "clericalismo", diria Rosemary [Goldie]. E menos "juridismo", que é o sistema frio que não só fala sempre e apenas de poderes e de direitos, mas também acentua cada vez mais as distâncias.

Pouco a pouco, alguns padres conciliares tornaram-se mais audazes e pediram aos moderadores que permitissem que leigos dos dois sexos falassem sobre o Esquema

---

Albino Luciani. *Un vescovo al Concilio. Lettere dal Vaticano II*, Roma, Città Nuova, 1983, pp. 79-89.

XIII (que está na origem a Constituição pastoral *Gaudium et spes*), como sinal eficaz e extraordinário do diálogo.

Em 28 de outubro de 1964, Monsenhor Gérard Coderre (Canadá) fez uma intervenção, em nome de 40 padres conciliares canadenses, sobre a igual dignidade dos homens e das mulheres, vendo um "sinal dos tempos no reconhecimento da dignidade da mulher". Para ele, a mulher é uma pessoa, com vocação própria, cujo papel, indispensável, não deve ser apenas supletivo, mas de colaboração. Esse reconhecimento, conforme com as Escrituras, devia ser promovido e não apenas aceito pela Igreja. Segundo este bispo canadiano, o esquema deveria afirmar a missão própria de mulher no completamento da criação.[10] Depois desta intervenção, as auditoras fizeram chegar ao bispo um bilhetinho de agradecimento:

> [As auditoras] encontraram nas suas palavras, pensamentos – e verdade – que, desde há tempos, esperavam ouvir expressos nesta aula e que, por diversas vezes, se permitiram exprimir por conta própria (a seu modo, menos teológico!), falando com bispos e peritos que trabalham neste esquema.[11]

No dia seguinte, Monsenhor Augustin Frotz, bispo auxiliar de Colônia, apoiou essa intervenção e defendeu a necessidade de um apostolado da mulher na Igreja, considerando também insuficiente o lugar que se dava à promoção da mulher no Esquema XIII,[12] e Monsenhor Santo

---

[10] Cf. Raniero La Valle. *Fedeltà al Concilio, i dibattiti della terza sessione*, Bréscia, Morcelliana, 1965, p. 403.

[11] Rosemary Goldie. Una donna al Concilio. Ricordi di una "uditrice". *Rivista di Scienze religiose del Pont. Sem. di Molfetta*, 2 (1988), p. 383.

[12] Ibid., p. 418. Cf. a síntese das intervenções dos padres conciliares, reportadas por Giuliana Bragantini, *Le donne nel Concilio Vaticano II*, Roma, Pont.

Quadri, auxiliar de Pinerolo, Piemonte (norte de Itália), pediu que se evidenciasse que a dignidade da mulher é igual à do homem na família, no trabalho e na vida social, de modo a evitar os perigos tanto do feminismo como do antifeminismo.

Dois bispos africanos, Monsenhor Joseph Nkongolo, bispo de Bakwanga (Congo), e Monsenhor Bernard Yago, arcebispo de Abidjan (Costa do Marfim), retomaram o tema da dignidade da mulher, enquadrando-o nos problemas graves e específicos da África, como a poligamia, o abuso do dote, os matrimônios celebrados sem o consentimento da esposa, as prepotências causadas pelo tribalismo.[13]

Joseph Malula, arcebispo de Léopoldville (Congo), convidou a Igreja a dar bom exemplo, concedendo à mulher maior esfera de atividade. O arcebispo americano Paul John Hallinan, de Atlanta (EUA), pediu a revisão do Código de Direito Canônico relativamente à posição da mulher, de modo a que pudesse assumir as funções de leitor e de acólito; além disso, pediu que se lhe permitisse o acesso ao diaconado e à possibilidade de aceder ao ensino da teologia. A sua intervenção escrita e, depois, publicada em outubro de 1965, foi entregue demasiado tarde para poder ser considerada pela comissão mista.[14]

Univ. Lateranensis, 1984, pp. 53-77. Além das que já citei, Bragantini destaca as intervenções dos padres: Michele Brown, Luigi Civardi, Michele Vial, Elia Zoghby, Herbert Bednorz, Giuseppe Urtasun, Luigi Carli, Claudio Dupuy, Francesco Franic e José Pimiento Rodríguez, relativas à mulher.

[13] Rosemary Goldie. *From a Roman Window*, Melbourne, Harper Collins, 1998 (trad. it. *Da una finestra romana* [De uma janela de Roma], Roma, Ave, 2000, pp. 77ss.).

[14] Paul J. Hallinan, La place des femmes dans l'Église. In: *La Documentation Catholique*, 48 (1966). Sobre estas intervenções, cf. McEnroy, *Guests in Their Own House*, cit., pp. 151ss.

Mas, doravante, já se tinha aberto uma janelinha para as mulheres.

Inaugurado na manhã de 11 de outubro de 1962, por João XXIII, e continuado no pontificado de Paulo VI até a sua conclusão, no dia 8 de dezembro de 1965, o Concílio Vaticano II teve a participação de cerca de 2.400 padres conciliares que se reuniram durante quatro períodos, de 8 ou 9 semanas cada um, de setembro a dezembro. A organização foi confiada a 10 comissões e a 3 secretariados. Cada comissão, que devia preparar *schemata* – esquemas – para enviar aos padres para que os estudassem, era presidida por um cardeal. Depois, os textos elaborados pelas seções de especialistas eram propostos à assembleia geral da comissão que os emendava.

Além dos cardeais, patriarcas, arcebispos, bispos e superiores-gerais de congregações religiosas (masculinas), devem-se acrescentar embaixadores de numerosos países, representantes de organismos internacionais, mais de mil jornalistas, "observadores" delegados provenientes do mundo ortodoxo, anglicano e protestante – que participavam em todas as sessões e tinham o direito de ler os textos preparatórios e de fazer propostas através do Secretariado para a Unidade dos Cristãos –, "peritos" nomeados pelo Papa e "peritos privados" escolhidos pelos padres conciliares – que não tinham direito de voto, mas podiam intervir na redação dos textos e na assembleia –, auditores e, finalmente, a partir da terceira sessão, auditoras – que podiam participar nas reuniões, mas sem tomar a palavra na aula conciliar. Chamadas como presença "simbólica", aquelas mulheres não foram nada simbólicas, antes se mostraram vivas e ativas.

As auditoras no Concílio

A partir da segunda sessão, foram convidados alguns leigos na qualidade de peritos ou como auditores, para que dessem o seu contributo sobre temáticas atinentes ao mundo laical. Dos 8 iniciais chegou-se, na terceira sessão, a 28, sobretudo depois das solicitações de Vittorino Veronese[1] que, em 21 de janeiro de 1964, pediu não só o aumento do número de auditores, mas sobretudo augurava a presença das mulheres, por causa da "insubstituível cooperação feminina".[2]

---

[1] Presidente da Ação Católica Italiana (1946-1952) e, também, presidente do Banco de Roma (de 1961 a 1976), Vittorino Veronese teve cargos importantes no seio da Unesco e desempenhou um papel de primeiro plano no associativismo italiano. Paulo VI qui-lo como auditor leigo em novembro de 1963.

[2] Cf. Joseph A. Komonchak. L'ecclesiologia di comunione. In: G. Alberigo (ed.). *Storia del Concilio Vaticano II* – v. 4 (*La chiesa come comunione*, ed. it. a cargo de Alberto Melloni, Bologna, Il Mulino, 1999, pp. 40-48 [p. 40]). Os nomes propostos por Veronese encontram-se no Arquivo Secreto Vaticano (a partir de agora citado como ASV), *Concilio Ecumenico Vaticano II*, Segreteria Generale, Uditori e Uditrici, 1963-1965, 670, f. 8: além dos nomes já presentes na lista apresentada pela UMOFC – Pilar Bellosillo, Marguerite Fiévez, Rosemary Goldie, Catherine Schiefer e Maria Vendrik –, Veronese propôs a sueca Britt Marie Ericsson, secretária das relações internacionais do Academicum Catholicum Sueciae, a italiana Marisetta Paronetto-Valier, vice-presidente da Pax Romana, e a filipina Betty Villa, vice-presidente da JOC Internacional. A escolha dos auditores do sexo masculino recaiu em: Eusèbe Adjakpley (Togo), José Álvarez Icaza (México), John Chen (Hong Kong), Raoul Delgrange (Bélgica), Frank Duff (Irlanda), Paul Fleig (Alemanha), Luigi Gedda (Itália), Silvio Golzio (Itália), Jean Guitton (França), Mieczysław de Habicht (Polônia), José-Maria Hernandez (Filipinas), Patrick Keegan (Grã-Bretanha), Emile Inglessis (Grécia), Jean Larnaud (França), Walter von Loe (Alemanha), Raimondo Manzini (Itália), James Norris (EUA), Bartolo Peres (Brasil), Henry Rollet (França), Stephan Roman (Canadá), Léon de Rosen (França), Ramon Sugranyes de Franch

Cada auditor tinha um cartão especial com fotografia, com o selo branco da Secretaria de Estado do Vaticano, e devia apresentá-lo todas as manhãs, quando entrava no recinto da Praça de São Pedro, à porta da basílica e junto da escadaria para a tribuna de Santo André, que lhes estava reservada.

Com esse cartão, podiam pedir a redução de 50% nos bilhetes de viagem dos trens de ferro do Estado Italiano, comprar gêneros alimentícios, cigarros e bebidas alcoólicas a preço reduzido, além de bônus para a gasolina dos que tivessem automóvel. Tinham o direito de estar presentes em todas as cerimônias, em lugar especial e com o privilégio de receber a Eucaristia; e os seus familiares e amigos (homens) podiam obter bilhetes de entrada em São Pedro para as missas conciliares.

E as mulheres?

Acreditamos que está chegando o dia em que será necessário honrar cada vez mais eficientemente a vida religiosa feminina, e que isto poderá acontecer aperfeiçoando os vínculos que a unem à da Igreja inteira. A propósito, far-vos-emos uma confidência: Demos indicações para que também algumas mulheres qualificadas e devotas assistam, como auditoras, a vários ritos solenes e a algumas congregações gerais da próxima terceira sessão do Concílio Ecumênico Vaticano II; isto é, àquelas congregações cujas questões postas à discussão possam relacionar-se particularmente com a vida da mulher; deste modo, teremos, pela primeira vez, talvez, presentes num Concílio ecumênico, algumas, poucas e – como é óbvio – significativas e quase simbólicas representações feminina; de

---

(Espanha), Stephen Swiezawski (Polônia), Auguste Vanistendael (Bélgica), Juan Vázquez (Argentina), Vittorino Veronese (Itália), Francesco Vito (Itália), Martin H. Work (EUA).

vós, religiosas, em primeiro lugar; depois, das grandes organizações femininas católicas, para que a mulher saiba quanto a Igreja a honra na dignidade do seu ser e da sua missão humana e cristã.[3]

Foram estas palavras que, na terça-feira, 8 de setembro de 1964, na sala das audiências em Castel Gandolfo, Paulo VI anunciou oficialmente a participação de auditoras no Concílio: estavam presentes algumas claustrais e, sobretudo, comunidades religiosas da diocese de Albano, Roma (Itália), dedicadas ao ensino, à assistência hospitalar e a outras obras de apostolado. O Papa dirigiu-se a elas durante a homilia, para indicar as novas tarefas que a Igreja tencionava entregar às religiosas.

Alguns dias depois, na segunda-feira, 14 de setembro, na inauguração da terceira sessão do Concílio, o Papa saudou as auditoras, dizendo:

> Dirigimos uma saudação aos auditores aqui presentes, cujos sentimentos e méritos insignes conhecemos muitíssimo bem. E também saudamos com alegria as nossas amadas filhas em Cristo, isto é, as chamadas mulheres auditoras, às quais pela primeira vez foi dada a faculdade de participar em algumas reuniões do Concílio. Não há dúvida de que todos, tanto auditores como auditoras, a quem foi dado acesso ao Concílio, podem compreender com que ânimo paterno olhamos para todas as classe do povo de Deus e quanto desejamos dar à sociedade cristã uma abundância cada vez maior de concórdia, de harmonia mútua e de ação.[4]

Mas as mulheres não estavam presentes!

---

[3] *Insegnamenti di Paolo VI*, II, Cidade do Vaticano, 1965, p. 529.
[4] *Acta Apostolicae Sedis*, 56 (1964), p. 814.

No dia seguinte, Raniero La Valle, então diretor do *Avvenire d'Italia* e atento observador do Concílio, anotava que, paradoxalmente, tinham sido saudadas na aula conciliar algumas mulheres, leigas e religiosas, na qualidade de auditoras, enquanto ainda se esperava por elas:

> A elas, o Cardeal Agagianian dirigiu uma saudação especial. Mas elas não puderam ouvi-lo, porque, esta manhã, não estavam na aula [conciliar]. De fato, a verdade é que ainda não tinham sido designadas.[5]

De fato, as nomeações das primeiras auditoras foram enviadas não antes de 21 de setembro, e só 3 dias depois o *L'Osservatore Romano* tornou conhecida a primeira lista. A que se deve este desfasamento temporal? É difícil dizê-lo, a não ser pondo a hipótese da resistência de algumas personalidades da Cúria em deixar que as mulheres participassem, por considerarem que os tempos não estavam maduros. Sabemos que, no dia 12 de setembro, Pericle Felici, secretário-geral do Concílio, foi informado pelo cardeal secretário de Estado, Amleto G. Cicognani, da decisão do Papa e da indicação dos primeiros nomes; contudo, as cartas de consulta foram enviadas no dia 18 de setembro ao Santo Ofício e à Congregação para os Religiosos, de modo que, depois do *nihil obstat* dos cardeais Alfredo Ottaviani e Ildebrando Antoniutti, só no dia 21 partiram as nomeações oficiais: cartas simples com um formulário estereotipado.[6]

---

[5] Raniero La Valle. *Fedeltà al Concilio, i dibattiti della terza sessione*, Bréscia, Morcelliana, 1965, pp. 13-14.

[6] Komonchak. L'ecclesiologia di comunione», cit., p. 43. As cartas estão conservadas no ASV, *Conc. Ecum. Vat. II*, 670 e 671.

O SANTO PADRE dignou-se benignamente admitir às sessões do Concílio Ecumênico Vaticano II, na qualidade de "auditoras", algumas representantes das ordens femininas religiosas.

Tenho o prazer de comunicar-lhe que a rev. madre foi contada entre as referidas "auditoras".

Para as leigas, só mudava a qualificação:

O SANTO PADRE dignou-se benignamente admitir às sessões do Concílio Ecumênico Vaticano II, na qualidade de "auditoras", algumas representantes qualificadas do mundo do laicato.

Tenho o prazer de comunicar-lhe que a exma. senhora foi contada entre as referidas "auditoras".

Seja como for, pela primeira vez, algumas mulheres foram admitidas a assistir aos trabalhos conciliares. No dia 25 de setembro, pela primeira vez, entrou na aula conciliar uma leiga, Marie-Louise Monnet, fundadora do Mouvement International d'Apostolat des Milieux Sociaux Indépendants [Movimento Internacional de Apostolado dos Meios Sociais Independentes (MIAMSI)].

É também necessário recordar que o dia 20 de setembro, uma vez mais oficialmente, durante uma missa dirigida aos membros do MIAMSI, o Papa, ao elogiar o empenho do movimento laical e ao realçar a necessidade da presença de mulheres e de homens no Concílio, anunciava "confidencialmente" que, "se o secretário-geral do Concílio no-lo permitir – um resignado Pericle Felici levantou os braços em sinal de aceitação –,[7] a vossa presidente figura

---

[7] Encontramos este inciso no comentário da própria Monnet, nas suas memórias: Marie-Louise Monnet, *Avec amour et passion*, Chambray-lès-Tours, CLD, 1968, p. 209.

na lista das pessoas que tencionamos chamar ao Concílio na qualidade de auditoras".

De setembro de 1964 a julho de 1965, foram chamadas ao todo 23 auditoras, 10 religiosas e 13 leigas.

As primeiras nomeações foram feitas, entre as religiosas, à americana Mary Luke Tobin, presidente da Conferência das Superioras Maiores dos Institutos Femininos dos EUA, à egípcia Marie de la Croix Khouzam, presidente da União das Religiosas Docentes do Egito, à libanesa M. Henriette Ghanem, presidente da Assembleia das Superioras Maiores Maronitas, à francesa Sabine de Valon, superiora-geral das Damas do Sagrado Coração e à alemã Soror Juliana Thomas, secretária-geral da União das Superioras-gerais da Alemanha.

Marie-Louise Monnet e Mary Luke Tobin.

As primeiras leigas chamadas foram, além da francesa Monnet, a espanhola Pilar Bellosillo, presidente da União

Mundial das Organizações Femininas Católicas (UMOFC), a australiana Rosemary Goldie, secretária executiva do Comitê Permanente dos Congressos Internacionais para o Apostolado dos Leigos (COPECIAL), a holandesa Anne-Marie Roeloffzen, secretária-geral da Federação Mundial da Juventude Católica Feminina (World Federation of Catholic Young Women and Girls – WFCYWG), e as italianas e viúvas de guerra, a marquesa Amalia Dematteis, viúva de Cordero Lanza di Montezemolo e presidente do Patronato di Assistenza Spirituale alle Forze Armate (PASFA), e Ida Marenghi-Marenco, viúva de Grillo.[8]

No dia 22 de setembro, partiram outras nomeações para a leiga Alda Miceli, presidente do Centro Italiano Feminino (CIF), e para as religiosas: a francesa Suzanne Guillemin, superiora-geral das Filhas da Caridade, a espanhola Cristina Estrada, superiora-geral das Escravas do Sagrado Coração, e a italiana Costantina Baldinucci, presidente da Federação Italiana das Religiosas Hospitaleiras. O grupo das religiosas ficou completo com a escolha de 2 irmãs de rito bizantino, a americana Claudia Feddish, superiora-geral da Ordem de São Basílio Magno, chamada em 13 de outubro de 1964, e a canadense Jerome Maria Chimy, superiora-geral das Irmãs Escravas de Maria Imaculada, convocada no dia 19 de fevereiro de 1965.

---

[8] Enumerei as auditoras pela ordem dada pelo número de protocolo do documento de nomeação, presente nas cartas conservadas no ASV, *Conc. Ecum. Vat. II*, 670 e 671. Note-se, porém, que nas listas oficiais se nomeiam, em primeiro lugar, entre as leigas, Marie-Louise Monnet, e entre as religiosas Sabine de Valon, como chefes de grupo das categorias específicas.

As auditoras dirigindo-se à assembleia conciliar.
Na foto, podem reconhecer-se: Hedwig von Skoda, Juliana Thomas, Marie de la Croix Khouzam, Pilar Bellosillo, Rosemary Goldie, Cristina Estrada, Ida Grillo, Alda Miceli, Costantina Baldinucci, Amalia Dematteis, Sabine de Valon, Henriette Ghanem, Jerome Chimy, Suzanne Guillemin, Catherine McCarthy, Luz María Álvarez Icaza, Gertrud Ehrle.

Mais bem organizado foi, pelo contrário, o recrutamento final das leigas nomeadas: a americana Catherine McCarthy, presidente do Conselho Nacional das Mulheres Católicas (National Council of Catholic Women – NCCW), no dia 13 de outubro de 1964; o casal mexicano Luz María Longoria e José Álvarez Icaza Manero, presidentes do Movimento da Família Cristã, em 9 de março de 1965; a argentina Margarita Moyano Llerena, presidente da Federação Mundial da Juventude Católica Feminina; a uruguaia Gladys Parentelli, presidente do Movimento da Juventude Agrária Católica Feminina (MJACF), e a alemã Gertrud Ehrle, presidente da Federação Alemã das Mulheres Católicas (Katholischer Deutscher Frauenbund – KDF). Todas elas chamadas em julho de 1965;[9] e, por fim, a baronesa checoslovaca Hedwig von Skoda, presidente das Equipas Internacionais de Renascimento Cristão, nomeada no dia 20 de agosto de 1965.

É importante sublinhar que no Concílio também estiveram presentes outras mulheres, de quem se sabe verdadeiramente muito pouco, faltando ainda um estudo específico sobre elas (ver quadro a seguir).

Outras convidadas

Temos de acrescentar às convidadas as mulheres que foram chamadas para consultas específicas, também elas selecionadas não só pela competência, mas também pela representação dos vários países[10]:

– *Bélgica*: Marguerite Fiévez, antiga responsável do Secretariado Internacional da Juventude Operária Católica (JOC), membro do conselho diretivo do Comitê Permanente dos COPECIAL;

– *França*: Marie-Annick Chéreau, vice-presidente do Movimento Internacional da Juventude Agrária e Rural Católica (MIJARC); Marie du Rostu, presidente-geral da UMOFC;

– *Países Baixos*: Rachel Donders, presidente internacional do Movimento de Apostolado Feminino Graal; Marga Klompe, ministra dos Assuntos Sociais nos Países Baixos; Maria Vendrik, presidente da WFCYWG e da Conferência das Organizações Internacionais Católicas;

– *Argentina*: Celina Piñeiro Pearson, vice-presidente da UMOFC;

---

[9] No dia 8 de julho de 1965, o Cardeal Amleto G. Cicognani entregou ao Cardeal Pericle Felici as nomeações das 3 mulheres. Em 20 de julho, chegaram os nada obsta das Congregações do Santo Ofício e dos Religiosos: ASV, *Conc. Ecum. Vat. II*, 670, f. 20.

[10] Esta lista conserva-se em Roma, no Arquivo das Auditoras, no Conselho Pontifício para os Leigos.

- *México*: Sofia del Valle, presidente da Comissão das Relações Internacionais da Ação Católica Mexicana;

- *Antilhas*: Elisabeth Müller (Alemanha), perita de educação de base;

- *Paquistão*: May Lobo, membro do gabinete da UMOFC;

- *Suíça*: Joanne Morard, presidente da Associação Internacional das Obras de Proteção das Mulheres "Jeune Fille";

- *Índia*: Mary Pothen, membro do Comitê executivo da WFCYWG;

- *EUA*: Catherine Schaefer, diretora do gabinete do NCCW para os Negócios da ONU de Nova York; Pat e Patricia (ou Patty) Crowley, fundadoras do Christian Family Movement [Movimento da Família Cristã] nos EUA;

- *Itália*: Marisetta Paronetto-Valier, secretária-geral da Comissão Italiana da Unesco, vice-presidente de Pax Romana (Movimento Eclesial de Compromisso Cultural – MEIC);

- *Uruguai*: Federico e Hortensia Soneira, presidentes do Movimento Familiar Cristão (MFC) da América Latina[11].

Ainda outras mulheres que foram convidadas oficialmente como "peritas":

- Marie du Rostu, francesa, e Maria Vendrik, holandesa, chamadas no dia 7 de outubro de 1964, para trabalhar no Esquema XIII sobre a Igreja no mundo contemporâneo;

- os cônjuges Germaine e Francis de Baecque, franceses, da associação Équipe Notre-Dame de Paris, chamados no dia 4 de setembro de 1965, na última fase da quarta sessão[12];

- Marie-Thérèse Cheroute, francesa, convidada a tomar parte no grupo sobre os jovens, juntamente com Margarita Moyano;

---

[11] No dia 23 de julho de 1965, o bispo de Tecla (Chile), Manuel Larraín Errázuriz, pediu ao Cardeal Carlo Confalconieri, presidente da Comissão Pontifícia para a América Latina, que convidasse esse casal de Montevidéu; ASV, *Conc. Ecum. Vat. II*, 670, f. 22.

[12] No dia 17 de agosto de 1965, o cardeal Maurice Feltin, arcebispo de Paris, sugeriu o seu nome: ASV, *Conc. Ecum. Vat. II*, 670, f. 22.

– Susanna Mallard, responsável de uma transmissão católica da Rádio Montecarlo, convidada, no dia 25 de setembro de 1965, a participar na quarta sessão;

– Madre Teodósia Colaço, superiora-geral do Carmelo e presidente da Conferência das Religiosas na Índia, convidada no dia 18 de setembro de 1965, a pedido do bispo de Mangalor (Índia), para a última sessão;

– Margherita Redikyovà, doutora eslovaca, médica assistente de muitas religiosas, interessada nos problemas das missões; convidada em 15 de outubro de 1965, a pedido do cardeal de Praga, Josef Beran, a participar em algumas congregações plenárias.

Outras ainda estiveram presentes, chamadas pelas suas competências e profissões específicas, como a inglesa Barbara Ward, perita internacional de questões inerentes à fome no mundo, e a já citada Patricia Crowley, uma autoridade sobre as temáticas relativas ao controle de natalidade, a americana Eileen Egan, defensora da não violência e pacifista, consultada sobre as problemáticas concernentes à guerra.

Critérios de seleção

Como se pode ver por esta rápida enumeração, os critérios de seleção respondiam a várias motivações. Para algumas auditoras religiosas, tinha-se adotado um critério de internacionalidade e de representação: pensemos no Instituto do Sagrado Coração e na Companhia das Filhas da Caridade, duas congregações presentes no mundo de maneira consistente e significativa. Para outras, como para as Irmãs de Maria Bambina, pesou um motivo pessoal, dada a estreita e consolidada relação de Paulo VI com a comunidade que o servia pessoalmente no Vaticano; por outro lado, a superiora Costantina Baldinucci também era presidente da Federação Italiana das Religiosas Hospitaleiras e, nesse sentido, representava um organismo nacional. Para outras, foi a representação de um continente; refiro-me a Mary Luke Tobin, que era presidente da Conferência das Superioras Maiores dos Institutos Femininos, em representação dos EUA. Para outras ainda, como a egípcia Khouzam e a libanesa Ghanem, prevaleceu o critério da representação de outros ritos (copta, maronita, greco-melquita siríaco, armênio e caldeu) em difíceis territórios de missão. Analogamente, Feddish e Chimy foram chamadas porque eram expoentes de comunidades de rito bizantino: Claudia Feddish, a pedido do cardeal Josyf Slipyj, voz poderosa da Igreja do silêncio; Jerome Chimy, por intervenção do Cardeal Gustavo Testa, secretário da Sagrada Congregação para os Ritos Orientais. Mais complexo é compreender a escolha de Thomas e de Estrada. Juliana Thomas, secretária-geral da União das Superioras da Alemanha, talvez tenha sido chamada por ser um expoente de relevo entre as religiosas da área germânica, e também talvez pelo fato de a sua comunidade ter sofrido perseguições durante o nazismo; Cristina Estrada, creio, por causa da sua personalidade e dos seus conhecimentos: era uma mulher enérgica e resoluta, apreciada no Vaticano por ter cedido à Santa Sé a sua vasta propriedade para a construção da Policlínica Gemelli de Roma.

Como se dizia em *L'Osservatore Romano* de 24 de setembro de 1964:

> Quando se pensa na multidão de religiosas de todos os tipos e de todas as ordens, o número pode parecer restrito, mas será sempre um símbolo que demonstra que o Papa e a hierarquia estimam e honram o serviço que elas prestam tão generosamente à Igreja.

Também no caso das leigas houve motivações diversificadas: sempre se procurou salvaguardar a representação de associações internacionais que podiam constituir uma longa presença de várias regiões do mundo (Europa, América do Norte e América Latina, e Austrália). As exceções a este critério foram as duas viúvas de guerra (Cordero Lanza di Montezemolo e Grillo), convidadas como peritas de vida para simbolizar o sacrifício das mulheres durante as guerras mundiais,[13] a baronesa checa Hedwig von Skoda, convidada em virtude de um pedido explícito do cardeal de Praga, Josef Beran, e Gertrud Ehrle, cuja presença foi querida não só pelo Cardeal Agostino Bea, mas também solicitada pelo forte episcopado alemão. Eram todas solteiras, exceto as viúvas de guerra citadas, a viúva McCarthy e a casada Luz María Álvarez Icaza, que foi chamada juntamente com o seu marido José, enquanto casal.

Entrada no Vaticano. Da esquerda para a direita: Jerome Chimy, Catherine McCarthy, Ida Grillo, Juliana Thomas, Pilar Bellosillo, Cristina Estrada, Suzanne Guillemin.

---

[13] Como anotava *L'Osservatore Romano* de 24 setembro de 1964 (p. 2), as viúvas de guerra foram convidadas, particularmente, para honrar "as mulheres que, com o seu luto e a sua dor, são uma condenação eloquente da guerra e, ao mesmo tempo, também são o símbolo das aspirações mais profundas da humanidade inteira a favor de uma paz justa e cristã".

Nas intenções de muitos padres conciliares, e atendendo também às palavras algo restritivas de Paulo VI, que falou de "simbólicas presenças femininas", a participação das auditoras devia revestir um caráter sobretudo simbólico, e elas poderiam interessar-se por questões ligadas à vida da mulher. Na realidade, as auditoras estiverem presentes nas sessões e não houve restrições, podendo participar ativamente nos trabalhos das comissões.

Em setembro de 1964, a Secretaria de Estado explicou a Costantina Baldinucci a tarefa de auditora: a sua missão não devia ser entendida em sentido passivo, porque empenhava quem tinha recebido o seu mandato para dar um contributo de estudo e de experiência às comissões encarregadas de receber e de emendar os esquemas que estavam sendo preparados para as sessões do Concílio.[14] E o Cardeal Fernando Cento, presidente da Comissão conciliar para o Apostolado dos Leigos: "De bom grado, não somente aceitamos os desejos e as sugestões dos leigos, de um e do outro sexo, mas até os solicitamos".[15]

Na tribuna

Durante as sessões do Concílio, os auditores e as auditoras ocuparam a tribuna de Santo André, na Basílica de São Pedro, do lado direito da longa mesa da presidência, de frente para o altar-mor. Na parte oposta, estavam os observadores protestantes.

Cada qual sentava onde queria, sem nenhuma ordem preestabelecida, porque na tribuna não havia lugares

---

[14] [Maria Clara Bianchi]. *Il postconcilio e la suora. Documentazione relativa all'attività di madre Costantina Baldinucci come "uditrice" al Concilio Ecumenico Vaticano II nella III e IV sessione*, Viboldone, Tip. S. Benedetto, 1967, p. 142.

[15] Giuliana Bragantini. *Le donne nel Concilio Vaticano II*, Roma, Pont. Univ. Lateranensis, 1984, p. 82.

marcados. As religiosas vestiam regularmente os seus hábitos. Em geral, as leigas estavam de preto, com um véu preto na cabeça. Também as auditoras tinham alguns privilégios: cigarros sem impostos, redução nos bilhetes de viagens, convites, bilhetes de identidade conciliares.

Na tribuna de Santo André. Da esquerda para a direita: Catherine McCarthy, Mary Luke Tobin, James Norris, Gertrud Ehrle, Hedwig von Skoda, Cristina Estrada, Pilar Bellosillo, Jerome Chimy.

Naturalmente, a presença das mulheres no Concílio provocou diversos comentários jocosos. Como aos prelados chamavam "padres conciliares", elas foram designadas como "madres do Concílio".[16] Alguns padres conciliares saudavam-nas enfaticamente como *carissimae sorores ou sorores admirandae ou pulcherrimae auditricae* [caríssimas irmãs; irmãs que devem ser admiradas, à letra, ou admiráveis irmãs; belíssimas auditoras]; no início, manifestando surpresa, depois considerando já aceite a sua presença. Ao ver as mulheres sentadas na tribuna dos auditores, um

---
[16] Daniel M. Madden. Women at the Council. *The Catholic Digest*, abril (1965), pp. 16-19 (p. 18). [Em italiano, "padri" tanto significa *pais* como *padres*. O mesmo acontece com "madri", *mães ou madres*. O efeito de trocadilho jocoso perde-se em português – N.T.].

patriarca disse com ironia: "Eu pensava que tinha pelo menos um lugar seguro e que era São Pedro!". Ouviu-se uma calorosa saudação proferida pelo bispo canadense Coderre, que augurou que, como a mulher possui dons naturais e sobrenaturais que lhe pertencem especificamente, desse um contributo especial ao Concílio.

Na tribuna, depois de um conhecimento mútuo, auditores e auditoras encontraram-se e falavam com cordialidade. Como a língua usada oficialmente era o latim, formaram-se gradualmente vários grupos linguísticos: francês, inglês, espanhol, alemão e italiano. Cada auditor ou auditora entrava no grupo da língua que lhe era mais familiar e, assim, seguia com menor dificuldade e com mais interesse as discussões, também com a ajuda de algum "perito" que vinha fazer parte do grupo – como os Padres Gagnon, Tillard e Franco –, esclarecendo as suas questões doutrinais específicas.

À medida que saíam, os documentos do Concílio iam sendo distribuídos pelos presentes na tribuna; os outros podiam levantá-los no secretariado do grupo com sede no *borgo Santo Spirito*, que tinha como encarregado o polonês Mieczysław de Habicht, secretário permanente das Conferências Internacionais Católicas.

Emilio Guano, bispo de Livorno, Toscana (Itália), era o assistente eclesiástico do grupo das auditoras, que tinha como ajudantes os Padres Luigi Ligutti e Enzio d'Antonio.

Encontrar-se e discutir

Todos os dias, exceto aos domingos, havia uma assembleia plenária (congregação). Todas as sessões começavam às 9 horas com a celebração da missa por um dos padres conciliares; em geral, a celebração efetuava-se em rito latino, às vezes em rito oriental.

No fim da missa, depois da entronização do Evangelho e da recitação em latim da oração, à exclamação *Exeant omnes*, mandava-se sair o público e a imprensa e todos aqueles que tinham podido assistir à celebração eucarística com uma permissão especial. Em cada sessão, o secretário Pericle Felici fazia o anúncio do dia e iniciava a sessão com as intervenções dos padres conciliares, em latim.

Durante o Concílio.

As sessões, muito laboriosas, terminavam já depois das 12h; o grupo dos auditores/auditoras seguia um método de trabalho muito preciso: antes de se discutir um novo esquema na aula conciliar, um perito lhes explicava o texto de modo que todos o compreendessem bem. Depois, na aula, havia pequenos grupos linguísticos à volta de um perito teólogo, que traduzia as intervenções dos padres.

As comissões reuniam-se durante a tarde, ao longo dos meses que separavam as sessões do Concílio. Às 15h, havia um encontro com os jornalistas, que faziam perguntas relativas aos trabalhos do dia.

O encontro entre todos os auditores era, habitualmente, por volta das 18h30, sendo presidido, rotativamente segundo a ordem alfabética, por cada auditor ou auditora que assumia a sua presidência durante uma semana. Tinham regularmente uma reunião semanal, às segundas-feiras, e, frequentemente, também às quintas-feiras, para estudar os esquemas e preparar as suas várias intervenções orais e escritas. Ao mesmo tempo, fixavam o texto a apresentar à secretaria do Concílio ou a alguma comissão específica, e informavam os moderadores, tanto diretamente como através de Monsenhor Guano. Geralmente, a discussão era em francês. Além das sessões no Concílio, o secretário programava outros encontros: com alguns bispos, com observadores não católicos, com outros jornalistas. As suas reuniões semanais, que permitiam contatos úteis, trocas de opiniões, aprofundamentos sobre as questões tratadas na aula conciliar e elaboração de propostas.

Fora da aula conciliar, organizavam-se encontros informais, em que se discutia e tratava de vários assuntos. Também o bar podia ser um lugar onde se podia trocar ideias.

No bar

Nos intervalos, todos iam ao bar, onde havia café, leite quente e alimentos preparados. Alguns padres conciliares se sentiam pouco à vontade por causa da presença das mulheres num local tão apinhado como o bar, onde era inevitável o contato físico. Por isso, e para evitar o embaraço, decidiu-se abrir um pequeno bar para as mulheres, colocado à entrada da Porta Rezzonico, por detrás do altar da confissão, à direita da Basílica de São Pedro, sob o túmulo de Clemente XIII, onde dois leões de mármore guardavam a entrada. Entre os dois leões havia alguns degraus que desciam ainda mais e levavam até uma pequena sala decorada com seda branca e amarela (as insígnias papais) e com flores à mesa.

Bar None. Da esquerda para a direita: José Álvarez Icaza, Alda Miceli, Anne-Marie Roeloffzen, Maria Vendrik, Ida Grillo e Amalia Dematteis.

Portanto, enquanto os auditores podiam encontrar-se com os padres conciliares durante os intervalos, e falar e discutir com eles, as mulheres não tinham esse privilégio: a relação homem-mulher constituía uma barreira mais forte que a de clero-leigos. Por isso, era significativo que as auditoras, através de um jogo de palavras inglesas, chamassem *Bar None* (bar de ninguém ou da freira)[17] à área que lhes estava reservada, para distingui-lo dos dois bares alcunhados de *bar-Abba* (bar do padre/pai) ou – em alusão a Mateus 16,17 – *bar-Jona*, patronímico de Simão Pedro. Conta Mary Luke Tobin que, no terceiro dia depois da sua chegada ao Vaticano, contente por poder encontrar-se de maneira informal com bispos e discutir com eles

---

[17] Em inglês *none* (nenhum, ninguém, nada) e *nun* (freira) têm a mesma pronúncia.

no bar, foi barrada e conduzida a uma pequena sala de veludo, com bolinhos italianos e café, aonde as mulheres eram convidadas a ir.[18]

Ainda mais paradoxal era a separação entre mulheres e leigos. De fato, os homens não podiam entrar no bar das mulheres, de modo que a jornalista Eva Chang, que era apresentada como "esposa de" Emile Inglessis, só podia falar com o marido à porta do bar. Também o mexicano Álvarez Icaza, que estava com a sua esposa Luz María, foi impedido de entrar na salinha/bar reservada às mulheres. Opondo-se a esta situação um tanto ridícula, que o separava da sua consorte, no dia 5 de outubro de 1964, escreveu ao secretário Pericle Felici para apresentar-lhe o "caso do bar", afirmando que, por um lado, a segregação criava uma separação dentro do casal, que fora chamado ao Concílio para que trabalhasse unido, e, por outro, negava à sua mulher Luzma [Luz María] o contato direto com os padres conciliares, com os observadores e com os auditores, prejudicando o seu trabalho.[19] Também teve de intervir o bispo de Madri, para que os dois pudessem tomar café juntos.

A renovação da vida religiosa

João XXIII tinha constituído 10 comissões conciliares, uma das quais para a vida religiosa, *De religiosis*.

Na carta de 6 de outubro de 1964, enviada ao Palácio Arquiepiscopal São Joaquim, do Rio de Janeiro, no Brasil, Dom Helder Camara desejava que, ao menos, fossem convocadas, para a terceira sessão,

---

[18] Margaret Murphy. Creativity and Hope. Sister Mary Luke Tobin at Vatican II. *America*, outubro (1965), p. 11.
[19] ASV. *Conc. Ecum. Vat. II*, 670, f. 22.

as representantes das religiosas. Os bispos e os leigos estão no Concílio, mas não as religiosas que, no entanto, são uma grande força de dedicação à Igreja e ao próximo. Também há a ideia de que, levando ainda mais longe o pensamento, se lhes deve confiar tudo o que não for rigorosamente sacerdotal.[20]

Também Monsenhor Gérard Huyghe, bispo de Arras (França), na sua intervenção de 12 de novembro de 1964, tinha pedido que as religiosas auditoras fossem admitidas a trabalhar com a Comissão Conciliar dos Religiosos, de modo que os auditores leigos fossem admitidos a colaborar na Comissão Conciliar sobre o Apostolado dos Leigos.

Na terceira sessão, os problemas da vida religiosa estavam na ordem do dia e suscitavam discussões acesas. As próprias auditoras, durante a terceira sessão de 1964, tinham formulado os seus *desiderata* numa nota entregue a alguns membros da comissão de que faziam parte:

> A evolução social, científica e técnica, que modifica profundamente o mundo e o trabalho que a Igreja faz sobre si mesma, ataca as posições tradicionais da vida religiosa. Obriga-a a purificar-se das motivações secundárias e a libertar-se de um ambiente de monopólio e de privilégios que vêm falsear a nota que deve dar na Igreja e no mundo; por isso, é necessário que o decreto, por mais breve que seja, se radique numa perspectiva teológica.[21]

Era preciso superar o juridismo e afirmar uma posição mais espiritual através de um incessante retorno às fontes da vida cristã e à inspiração originária dos institutos,

---

[20] Cit. da Claire Herrmann. Madre Suzanne Guillemin. *Echi della Compagnia*, 4 (2007), p. 268.
[21] Cit. ibid., p. 364.

adaptando-os às condições novas do tempo, que requeriam um aprofundamento doutrinal e espiritual da ação, atenção ao mundo e sentido missionário.

A Secretaria de Estado do Vaticano, através de Monsenhor Angelo Dell'Aqua, pediu a Costantina Baldinucci que elaborasse um documento de vida prática, com propostas concretas para a melhoria da vida religiosa, sobretudo em ordem ao apostolado.

Confiaram à Madre Guillemin, superiora-geral das Filhas da Caridade, a missão de elaborar um documento sobre os problemas da vida religiosa, sobretudo de um ponto de vista teológico-formativo.

Durante a quarta sessão, as auditoras religiosas tinham-se reunido repetidamente – algumas vezes sozinhas, outras vezes sob a presidência do secretário da Sagrada Congregação dos Religiosos, Paul-Pierre Philippe –, para encontrar um modo de colaboração eficaz entre as superioras-gerais de todo o mundo, que permitisse que se estudassem em conjunto os problemas da vida religiosa e se chegasse a formulações e a soluções práticas de interesse geral. Houve reuniões periódicas na sede de uma ou de outra das auditoras religiosas, frequentemente também no Palácio de Santa Marta, onde também estavam hospedados cerca de 200 padres conciliares, predominantemente de língua francesa; ou, então, na casa provincial das Irmãs de Maria Bambina, nas imediações da Basílica de São Pedro.[22]

Estes encontros foram muito importantes; no período em que na aula conciliar se discutia o Esquema VIII sobre

---

[22] Aqui, quase semanalmente, reuniam-se os bispos da região conciliar lombarda, juntamente com o Cardeal Colombo; na semana de férias do Concílio (16-24 de outubro de 1965), a Comissão Litúrgica fez lá as suas reuniões de estudo e celebrou as *missas ad experimentum* nas várias línguas.

a renovação da vida religiosa, as religiosas leram e comentaram o texto ponto por ponto, para, depois, passá-lo à comissão encarregada ou a algum padre conciliar. Chegaram sugestões das auditoras Baldinucci, Tobin, Estrada e Valon.[23] Nestes encontros, as superioras eram convidadas a enunciar 2 ou 3 problemas que, na sua opinião, eram mais relevantes nos seus respectivos países, os mais dignos de estudo ou, então, as posições enunciadas na aula conciliar que lhes parecessem mais divergentes das posições tradicionais ou das suas convicções.

Tenha-se presente que a Madre Baldinucci solicitara a colaboração das superioras-gerais italianas através de um questionário sobre os problemas comuns mais urgentes. Entretanto, tinha organizado duas reuniões de superioras-gerais: nos dias 15 e 16 de fevereiro de 1965, em Milão; e, nos dias 19 e 20 do mesmo mês, em Roma. Nelas, trataram-se os pontos principais a enviar às comissões para a revisão do Esquema VIII. Era necessário apresentar aos bispos a importância das religiosas no apostolado. Das respostas ao questionário, emergiu a necessidade de renovação e de adaptação, de uma adequada preparação cultural e dogmática da religiosa (instrução escriturística, litúrgica e profissional), de revezamento das superioras, de estimular o sentido de responsabilidade, tendo em conta cada uma das personalidades, de rever a relação autoridade-obediência (a autoridade devia tornar-se mais aberta para ouvir e para utilizar os conselhos), de diálogo com os leigos e com a hierarquia, de maior contato com os problemas da Igreja e do mundo, de repensamento do hábito que não devia tornar-se um muro de divisão, mas responder a

---

[23] ASV. *Conc. Ecum. Vat. II*, Pasta 1278, religiosas auditoras.

critérios de funcionalidade, e também de serem animadoras de uma nova liturgia.

Os institutos de vida ativa e apostólica eram solicitados a abolir os costumes que não lhes permitiam ser suficientemente funcionais em relação às exigências do apostolado que os tempos requeriam.

No dia 18 de outubro de 1965, o Papa promulgou o decreto sobre a renovação da vida religiosa *Perfecta caritatis*,[24] que indicava alguns princípios gerais que haveriam de guiar os institutos na sua mudança, tendo em conta o seu caráter próprio. No dia 5 de dezembro de 1965, nas vésperas da conclusão do Concílio, cerca de 200 superioras-gerais reuniram-se na casa provincial das Irmãs de Maria Bambina. O comitê permanente do organismo foi composto por algumas madres residentes em Roma; como conselheiras foram chamadas as Madres Guillemin, Tobin e Baldinucci. No dia 8 de dezembro, dia de encerramento solene do Concílio, foi fundada a União Internacional das Superioras-Gerais (UISG).

Muitos padres conciliares declararam que, graças ao intenso trabalho realizado pelas auditoras, saíam do Concílio mais conscientes dos problemas das religiosas.

As responsabilidades de um laicato adulto

Auditores e auditoras leigas estavam envolvidos na discussão sobre alguns capítulos de esquemas importantes como o apostolado dos leigos e a promoção da mulher.

---

[24] Houve 1.105 votos a favor do texto e 882 contra; cf. *Il postconcilio e la suora*, cit., p. 130. Alguns julgaram o decreto demasiado pobre e seco, e em alguns pontos demasiado jurídico, embora constitua de algum modo uma *magna carta* para a espiritualidade e para o apostolado da vida religiosa [consagrada – N.T.].

Todos trabalharam em grupos previamente acordados e cada um recebeu trabalhos dos outros grupos.

Em Roma, continuavam as reuniões periódicas, as reuniões de estudo, as conferências ilustrativas, as trocas de opiniões, mesmo interpessoais, porque os encontros deviam servir precisamente para novas reflexões, para um exame mais aprofundado dos documentos conciliares a serem apresentados aos padres.

A partir do primeiro período conciliar, tinha havido, da parte da Comissão para o Apostolado dos Leigos, uma consulta real e efetiva de muitas organizações do mundo laical (masculino e feminino) que desembocara na coletânea de um elenco de observações que a comissão tinha discutido e, em parte, acolhido no novo texto reelaborado. Através dos auditores e das auditoras, confluíram no Concílio anos de trabalho que, em todo o mundo, o laicato tinha amadurecido, afirmando a vontade de uma participação mais ativa e consciente na realidade eclesial. Nesse sentido, a documentação é riquíssima e está estudada.[25]

Entre os muitos problemas, não podemos deixar de chamar a atenção para a questão do controle da natalidade, que foi particularmente viva durante o Concílio. Patricia Crowley foi chamada com o marido a tomar parte da discussão na comissão, orientando para a afirmação do princípio da paternidade e da maternidade responsáveis. O rumo das intervenções favoráveis a esta posição levou o Papa a chamar a si a questão, por causa da delicadeza da matéria e das pressões da ala conservadora.

---

[25] Rosemary Goldie. Lay Participation in the Work of Vatican II. In: *Miscellanea Lateranense*, Roma, Latrão, 1974-75.

Luz María Álvarez Icaza pôs em discussão a concepção da concupiscência do ato sexual, libertando-o do sentimento de culpa e restituindo-lhe a sua inerente motivação de amor.

Durante as reuniões dos leigos, prepararam-se algumas intervenções a serem apresentadas na aula conciliar. No encerramento da discussão do esquema sobre o apostolado dos leigos, no dia 13 de outubro de 1964, Patrick Keegan, ao falar em nome do grupo, sublinhou que o tema refletia a descoberta feita pelos leigos, homens e mulheres, da sua responsabilidade pelo apostolado da Igreja, e que, portanto, o grupo dos auditores/auditoras desejava que, pelo menos uma vez, o seu porta-voz fosse uma mulher. Por isso, para o Esquema XIII foi proposta uma intervenção de Pilar Bellosillo, presidente da União Mundial das Organizações Femininas Católicas. A proposta não foi aceita.

Na reunião de 26 de outubro, o grupo confirmou o desejo de exprimir na assembleia geral o seu pensamento relativamente ao Esquema XIII, e, esperando que esse pedido fosse acolhido, designaram por unanimidade como porta-voz do grupo, uma vez mais, Pilar Bellosillo, eleita pelo fato de,

> até hoje, três auditores terem tido o privilégio de falar diante dos padres do Concílio. Por isso, pensam que, para se oferecer a imagem completa do laicato, seria indispensável que uma auditora pudesse, pelo menos uma vez, falar em nome deles.
>
> Os auditores leigos percebem que se trata de uma inovação nos usos, mas pensam que:
> 1. O próprio fato de o Santo Padre ter designado uma série de auditoras indica já a vontade de associar as

mulheres de uma maneira mais evidente e ativa ao trabalho apostólico na Igreja;

2. A Igreja sempre contribuiu para a promoção da mulher; portanto, este gesto seria um testemunho eloquente e prático do seu ensino;

3. No mundo moderno, o papel da mulher na família, na educação, no âmbito social e noutros, torna-se cada vez mais importante. Por isso, seria particularmente oportuno que, no âmbito do debate sobre a Igreja e o mundo, fosse concedida a palavra a uma mulher, sobretudo quando, na ocasião, se trata da presidente de um organismo mundial, que tem mais de 30 milhões de associados em todas as regiões do mundo.

4. Por fim, este pedido é motivado por uma consideração especial relativamente aos jovens países que, embora estejam sofrendo rápidas transformações, ainda não concederam às mulheres o lugar que lhes compete. Um tal gesto do Concílio para com uma auditora constituiria um enorme encorajamento a estes países, servindo de exemplo e de inspiração.

5. Finalmente, parece oportuno chamar a atenção para o fato de que, ao conceder a palavra à senhora Bellosillo, oferecer-se-ia aos auditores a possibilidade de exprimir o seu pensamento por intermédio de um orador de língua espanhola, completando assim uma série de idiomas, até incluir os grandes grupos de cultura e de língua de valor mundial.[26]

Considerou-se prematuro dar a palavra a uma voz feminina na aula conciliar. Também por isso, não se permitiu que a economista Barbara Ward[27] fizesse um apelo

---

[26] Roma, 26 de outubro de 1964, Conselho Pontifício para os Leigos, escrito datilografado em francês (com o número 434 bis).

[27] A inglesa Barbara Ward (1914-1981), licenciada em Filosofia, Economia e Política em Oxford, ensinou economia política em prestigiadas universidades

pessoal a favor dos pobres do mundo. A sua intervenção fora recomendada pelo auditor norte-americano James Norris, presidente da International Catholic Migration Commission [Comissão Internacional para as Migrações Católicas], que considerava muito mais oportuno que falasse uma mulher, não somente porque Barbara Ward era uma personalidade de relevo internacional e a sua presença no Concílio haveria de catalisar a atenção dos meios de comunicação globais, mas também porque, ao reconhecer a sua competência, a sua palavra no Concílio exaltaria a condição feminina no mundo. Alguns bispos (Lercaro, König, Suenens) e algumas conferências episcopais, como a americana, apoiaram o pedido. Contudo, em nome da proibição paulina (1 Coríntios 14,34), não se permitiu que a economista falasse, pelo que teve de ser Norris quem, no dia 5 de novembro de 1964, falou, tendo por base um memorando redigido pela própria Ward e posto logo a circular com o nome de World Poverty and the Christian Conscience [A pobreza do mundo e a consciência cristã].

Uma vez mais, perto do final do Concílio, o grupo escreveu ao Papa, solicitando que pudesse exprimir na aula conciliar a gratidão pelo privilégio da sua participação, propondo novamente Pilar Bellosillo como porta-voz, mas o pedido não teve seguimento.[28] Também por estas intervenções se pode ver como foi alta a colaboração entre homens e mulheres, leigos e religiosas. O seu contributo conjunto viu-se, sobretudo, na elaboração dos esquemas

---

americanas, tornando-se uma das maiores especialistas internacionais de problemas ambientais, precursora do desenvolvimento sustentável.

[28] Rosemary Goldie. *From a Roman Window*, Melbourne, Harper Collins, 1998 (trad. it. *Da una finestra romana* [De uma janela de Roma], Roma, Ave, 2000, p. 73).

sobre o apostolado dos leigos e sobre a Igreja no mundo contemporâneo. A reunião de Ariccia, nos arredores de Roma, de 31 de janeiro a 6 de fevereiro de 1965, com 30 padres conciliares, 49 peritos, 14 leigos (10 homens e 4 mulheres) e 2 religiosas, foi um momento extraordinário de trabalho comum que levou à Constituição pastoral *Gaudium et spes*.

No encerramento do Concílio, em 23 de novembro de 1965, os auditores leigos, homens e mulheres, publicaram uma declaração conjunta, para prestar contas do trabalho realizado.[29] Conscientes de que tinham sido testemunhas de uma etapa histórica de abertura ao laicato, eles realçavam a importância vital de alguns documentos a que tinham dado o seu contributo, mediante discussões, trocas de opinião e intervenções. Referiam-se especialmente ao cap. IV da Constituição *Lumen gentium*, que definia o lugar dos leigos na Igreja, à Constituição sobre *A Igreja no mundo*, que dava orientações para a participação dos crentes na construção da cidade humana, e ao decreto sobre o apostolado dos leigos que, apesar de algumas limitações, "constitui a [magna] carta das atividades apostólicas futuras de todos os membros leigos".[30] No texto, os auditores e as auditoras também referem a atenção que, graças a eles, o Concílio tinha suscitado no mundo, para as questões inerentes à construção da paz, para os graves problemas da miséria no mundo, para as desigualdades e as

---

[29] Conservam-se, no Conselho Pontifício para os Leigos, 5 rascunhos de documentos datilografados, em francês, datados de 15 a 23 de novembro de 1965.

[30] No rascunho de 15 de novembro aparece um juízo crítico sobre o decreto, quando se diz: "Quanto ao Esquema XIII, sabemos das suas limitações, malgrado o enorme trabalho feito, mas a existência desse esquema é já por si um fato positivo". Esta consideração não aparece no documento final.

injustiças, e para a necessidade de uma distribuição das riquezas mais justa e equitativa, para os sonhos urgentes da saúde, da educação e da cultura, para a defesa da liberdade de consciência de cada pessoa, para os valores do casamento e da família, para a unidade de todos os cristãos, de todos os crentes e de todos os homens. Tratava-se de agora, depois do Concílio, aplicar o *aggiornamento*, procurando novas formas de apostolado nas diversas parte do mundo, conscientes, os leigos (homens e mulheres), das novas responsabilidades que tinham de assumir para construir "um mundo mais humano, mais conforme com os desígnios do Criador".

Finalmente, no dia 3 de dezembro, fizeram um comunicado à imprensa em que afirmavam a sua plena participação no Concílio, desempenhando nele um papel ativo, de amizade e de colaboração, apreciado pelos próprios padres conciliares, "que frequentemente se dirigiram a eles para conselhos, tendo-se, por vezes, feito eco das suas opiniões na aula conciliar".[31] No dia 7 de dezembro de 1965, o Papa recebeu todos os auditores e todas as auditoras; deu a cada um deles uma edição do Novo Testamento e disse-lhes:

> Caros auditores e auditoras,
>
> Antes do encerramento solene do Concílio, quisemos dizer-vos ou, sobretudo, repetir-vos a nossa satisfação pela valiosa colaboração que vós destes aos trabalhos dos padres e das comissões. Agradecemo-vos por terdes contribuído para as realizações do Concílio e felicitamo-vos pelo modo discreto e eficaz com que trabalhastes, cada um segundo as suas competências particulares, para o maior bem da Igreja.

---

[31] Comunicado à imprensa, 3 de dezembro de 1965 (em francês e em inglês). ASV. *Conc. Ecum. Vat. II*, 670.

Dentro de pouco tempo, ides partir de Roma, para regressar aos vossos respectivos países e retomar as vossas ocupações profissionais. Fá-lo-eis enriquecidos com o contributo incomparável de sabedoria e de experiência que ganhastes aqui no trabalho em equipe, entusiasmados com o singular espetáculo da hora histórica que vivestes.

Quanto às vossas responsabilidades apostólicas nos vários movimentos ou organismos nacionais e internacionais, ireis retomá-las com uma convicção aumentada de que deveis permanecer mais que nunca dedicados ao serviço da Igreja de Cristo e ao serviço dos homens do nosso tempo.

Que estas breves palavras também sejam para vós um encorajamento paterno e um agradecimento caloroso. Que sejam testemunho da nossa constante benevolência para com as vossas pessoas, para com os militantes dos movimentos e os membros dos grupos que representais, para com o trabalho que uns e outros realizam ou realizaram.[32]

---

[32] Cit. por [Bianchi], *Il postconcilio e la suora*, cit., pp. 79-80.

As protagonistas religiosas

Mary Luke Tobin

Ruth Mary Tobin assumiu o nome de Mary Luke somente depois da sua entrada nas Irmãs de Loreto aos pés da Cruz (Sisters of Loretto),[1] em Nerinx, Kentucky (EUA). Nasceu em Denver, em 1908, e cresceu frequentando as escolas públicas e cultivando a paixão pelo balé. Esta paixão acompanhou-a de tal maneira na idade adulta que, até a entrada na comunidade, dirigiu uma escola de dança. A sua permanência em Nerinx foi de grande atividade, tanto do ponto de vista espiritual como cultural: foi superiora de 1958 a 1970 e, durante este período, conheceu e fez amizade com o monge trapista e escritor Thomas Merton, partilhando os seus ideais, como o espírito ecumênico e o constante empenho pela paz e pelos direitos civis.[2]

Foi a primeira americana a ser convidada para o Concílio, no dia 21 de dezembro de 1964, na qualidade de presidente recém-eleita da Conferência das Superioras Maiores dos Institutos Femininos. A importância do seu

---

[1] A comunidade foi fundada em 1812, com objetivos revolucionários, de modo especial, na educação da juventude.

[2] Depois da morte de Thomas Merton, em 1968, Mary Tobin foi cofundadora da International Thomas Merton Society [Sociedade Internacional Thomas Merton] e também instituiu o Centro Thomas Merton em Denver, em 1979, onde a espiritualidade e os escritos de Merton puderam ser conhecidos, através de conferências, seminários e publicações.

cargo confirma a têmpera do caráter da personagem: bastará pensar que, na época, a Conferência compreendia não menos de 475 congregações de religiosas, espalhadas por todo o território dos Estados Unidos. A consistência do seu caráter foi amplamente confirmada no momento em que lhe disseram que iria poder participar nas sessões "que se referiam às mulheres", tendo respondido: "Bem. Então poderei participar de todas!".

Em Roma, hospedou-se no Instituto de Maria Bambina. Durante toda a quarta sessão do Concílio, conseguiu estabelecer estimulantes trocas de ideias e experiências com teólogos que apreciava especialmente (Edward Schillebeeckx, Karl Rahner), consolidando ainda mais os seus ideais centrados na justiça e na democracia não violenta.

Era motivo de grande admiração para Mary Luke ver a assembleia conciliar tão viva. Ela sentia que fazia parte de um todo, juntamente com os padres conciliares que oravam num sentimento comum.[3] Além disso, o seu espírito crítico não permite que lhe passe despercebido o constante mal-estar dos bispos conciliares com a presença das mulheres que, segundo a perceção de Luke Tobin, foram frequentemente ignoradas, até se chegar à sua banalização com claros tons discriminatórios. Embora alguns – como o arcebispo inglês Thomas Roberts, sj[4] – tenham apreciado a participação das mulheres, instaurando com elas uma relação respeitosa; outros se comportaram de maneira muito diferente: uns,

---

[3] Daniel M. Madden. Women at the Council. *The Catholic Digest*, April (1965), pp. 16-19, especialmente na p. 18. Madre Tobin considerava que devia ser para as suas irmãs não somente madre, mas também irmã.

[4] O jesuíta Thomas Roberts foi consagrado arcebispo de Bombaim em 1937. Participou no Concílio, descrevendo-o como "um jogo de futebol em que todos os jogadores são bispos"; defendeu com vigor a participação dos leigos na vida da Igreja e, nela, a participação das mulheres.

atemorizados, mantinham distância; outros, até ressentidos, desaprovavam em toda a linha a sua presença, chegando a evitar qualquer tipo de contato.[5] A propósito, Madre Tobin costumava recordar o desagradável encontro com o Cardeal Ildebrando Antoniutti: ele falava-lhe através de ordens, instruções, evitando sistematicamente olhá-la nos olhos. Apresentou-lhe uma fotografia com o hábito religioso renovado (véu simples, hábito curto pelos joelhos) e o cardeal corrigiu com a caneta, cobrindo simplesmente tudo. A madre ignorou diligentemente este veto simbólico, não se intimidou e entrou clandestinamente em São Pedro vestindo um hábito experimental, com o objetivo de mostrá-lo a outro cardeal cuja aprovação desejava obter.

Mary Luke Tobin e Jerome Chimy.

---
[5] Carmel Elizabeth McEnroy. *Guests in Their Own House. The Women of Vatican II*, Nova York, Crossroad, 1996, p. 97.

O espírito inovador de Mary Tobin não era coisa nova: tinha chegado ao Vaticano bem preparada. Entre os seus méritos "progressistas", inclui-se o de ter iniciado uma reforma no interior da comunidade americana e de ter envolvido nela o capítulo geral de julho de 1964, para que analisasse as possibilidades de mudança da vida religiosa e do apostolado, mediante estudos, comissões e aprofundamentos. Estava convencida de que uma irmã deveria ser antes de tudo mulher, não despersonalizada, mas adulta, autêntica e com uma personalidade amadurecida, livre e responsável, tanto com relação a sua vida de fé (e, portanto, de apostolado na Igreja) quanto com relação ao mundo.

> A presença das religiosas auditoras é uma indicação de que a Igreja está a tomar consciência da metade dos seus membros (as mulheres) e da necessidade de que a religiosa entre em cheio com a sua vida e a sua missão. Nós, filhas da Igreja, devemos poder colaborar com a nossa ajuda.[6]

Foi extremamente ativa na comissão que preparava a *Gaudium et spes*, contribuindo na redação de alguns pontos e manifestando a sua profunda convicção de que a experiência cristã não podia estar circunscrita exclusivamente à piedade pessoal, mas que era preciso ligá-la a responsabilidades sociais muito precisas.[7]

---

[6] Entrevista dada ao jornalista espanhol M. José Sirera e publicada na revista *Ancillae Cordis Iesu*, 105, I (1965), p. 43.

[7] Cf. sua obra *Hope Is an Open Door*, Nashville, Abingdon, 1981. Ela própria gostava da imagem da porta, usada por Jesus em João 10,9 ("Eu sou a porta. Se alguém entrar por mim estará salvo; há de entrar e sair e achará pastagem"), como metáfora da abertura da fé ao mundo. Cf. Joan A. Kidnay. *Sister Mary Luke Tobin: A Religious Vision in Society*, Thesis (MA), Universidade do Colorado [EUA], 1987.

Ao mesmo tempo, uma das expectativas para as irmãs era terem alguma representante no corpo da Igreja que as governava; estas expectativas manifestaram-se com imediata evidência, quando o esquema dos religiosos estava na agenda do Concílio, e ela respondeu às perguntas de alguns jornalistas. Augurou-se que as irmãs, pensando especialmente em Cristo ressuscitado, tirariam proveito do espírito positivo do Concílio. Esta reflexão aludia-se a algumas liturgias da profissão das noviças, "mais semelhantes a funerais do que a momentos de glória". Aliás, era firme a opinião de que a relação – e, consequentemente, a comunicação – entre as irmãs e os seus bispos deveria melhorar: por isso, sugeriu que se criasse um comitê de bispos e superioras religiosas para discutirem problemas comuns.

Mary Luke Tobin, acompanhada pelo bispo Emilio Guano, encontra-se com Paulo VI. Em segundo plano, Costantina Baldinucci e Marie de la Croix Khouzam.

Nem todos no Vaticano eram entusiastas das possibilidades de mudança: o responsável pela Sagrada Congregação dos Religiosos, o Cardeal Ildebrando Antoniutti, por exemplo, era bastante avesso ao contato com estas novas instâncias. Como é fácil intuir, estava alarmado não somente com as iniciativas de flexibilidade e de experimentação iniciadas, mas também com os pedidos expressos por Mary Luke, a fim de que as religiosas tomassem parte nas decisões que diziam respeito à vida delas. As posições alcançavam pontos de fricção tão fortíssimos quanto inevitáveis. Quando, depois do Concílio, se encontraram, o cardeal teve de defender a sua posição de quase ostracismo em relação à reforma da vida religiosa, afirmando que o fez "para o bem da Igreja". "Também eu! – respondeu prontamente Madre Tobin –, "ao avançar para a renovação, fi-lo 'para o bem da Igreja'".[8]

Outrora empenhada nos movimentos ecumênicos, a madre recordava a emoção do encontro, durante o Concílio, com autoridades protestantes – especialmente americanas –, metodistas e presbiterianas.

No dia 5 de dezembro de 1965, na iminência da conclusão do Concílio, cerca de 200 superioras-gerais reuniram-se na sede provincial das Irmãs de Maria Bambina. O comitê permanente do organismo era composto por algumas religiosas residentes em Roma; ela foi chamada à tarefa de conselheira, juntamente com as Madres Guillemin e Baldinucci. No último dia do Concílio, a mensagem do Papa Montini, dirigida de modo particular a algumas categorias, entre as quais as mulheres, suscitou não poucas perplexidades. Madre Tobin lamentou-se disso e disse

---

[8] Tobin. *Hope Is an Open Door*, cit., p. 34.

ao Padre Godfrey Diekmann,[9] que estava sentado junto dela: "Mas as mulheres não são uma 'categoria' na Igreja. Não deveriam ser honradas como mulheres mais que os homens. Homens e mulheres são a Igreja". O Padre Diekmann olhou para ela e disse: "Tem razão, irmã. Vós, as mulheres, deveis ajudar-nos a vê-lo".[10]

Mulher de ação, otimista, criativa, visionária, antimilitarista, contra a proliferação nuclear, empenhada em encontros ecumênicos pela defesa dos direitos humanos, a religiosa pugnou, sobretudo, pela tomada de consciência de todas as mulheres, religiosas ou não, da sua injusta e efetiva subordinação. Segundo ela, só e unicamente através desse ato fundamental de autoconsciência, os movimentos femininos haveriam de ganhar força e mudar a sociedade e a Igreja. Favorável ao sacerdócio ministerial para as mulheres, foi consultora, durante muitos anos, da Women's Ordination Conference [Liga para a Ordenação das Mulheres] e conselheira da sua presidente, Ruth Fitzpatrick, que, já em 1963, se dirigiu a ela quando lhe propuseram receber a Ordem sacerdotal numa cerimônia secreta na antiga Checoslováquia.[11]

Faleceu em 24 de agosto de 2006, com 98 anos.

---

[9] O beneditino Godfrey Diekmann foi escolhido como *peritus* pela Comissão Litúrgica, de 1963 a 1965. Sobre ele, cf. Kathleen Hughes. *The Monk's Tale: Biography of Godfrey Diekmann*, Collegeville, Liturgical Press, 1991.
[10] Tobin. *Hope Is an Open Door*, cit., p. 31.
[11] Estas notícias são referidas por Patricia Lefevere, Sr. Mary Luke Tobin, Visionary Leader. *National Catholic Reporter*, 25 (2005), agosto.

Marie de la Croix Khouzam

Marie de la Croix Khouzam pode ser considerada um exemplo pelos seus esforços de integração e pacifismo. Superiora-geral das Irmãs Egípcias do Sagrado Coração, de 1959 a 1974,[1] foi convidada como auditora, no dia 21 de setembro de 1964, enquanto presidente da União das Religiosas Docentes do Egito; por isso, representava todos os institutos religiosos com objetivos pedagógicos, presentes em território egípcio.

A comunidade, formada por irmãs de rito copta, foi a primeira instituição feminina católica egípcia.[2] Distinguiu-se pelo dinamismo não só em nível das pessoas mas também em nível de congregação; de fato, embora, por um lado, as religiosas estivessem empenhadas nas escolas e nos dispensários, por outro, a comunidade tinha permitido o nascimento de casas no Egito (região do Delta e na zona de Suez), onde, aliás, as próprias irmãs se tinham constantemente dedicado ao tratamento de doentes. Além do mais, também se ocupavam com fervor do ensino nas

---

[1] As Irmãs Egípcias do Sagrado Coração, fundadas em 1913, devem a sua origem às Irmãs dos Sagrados Corações [de Jesus e de Maria] de Beirute (Líbano), que chegaram ao Egito, a pedido do padre jesuíta Autefage, para ali abrir escolas. Cf. Gabriele Giamberardini. Lo sviluppo della Chiesa copta cattolica. *La voce del Nilo*, 17 (1957), pp. 162-177.

[2] Maria Monica Giubrá'il. Le suore egiziane del S. Cuore. *La voce del Nilo*, 18 (1958), pp. 10-15; Gabriele Giamberardini. Egiziane del Sacro Cuore, Suore. In: *Dizionario degli istituti di perfezione* (daqui em diante: *Diz. ist. perf.*), 10 v., Milão, Paoline, 1974-2003; aqui, v. III, coll. 1073-1075.

aldeias pobres, realizando uma experiência ecumênica inovadora: elas, irmãs católicas, estavam ensinando em escolas frequentadas em grande parte por muçulmanos!

Numa sociedade multiétnica, as Irmãs Egípcias do Sagrado Coração eram testemunhas de uma coabitação religiosa entre cristãos e muçulmanos. A sua presença era considerada pouco importante, discreta e silenciosa, enquanto procuravam desempenhar um papel pacificador no interior de um território muito "quente", por causa das tensões inter-religiosas fortemente presentes.

Madre Khouzam tinha acentuada vocação por uma vida ascética e contemplativa. Apesar disso, não estava despreparada para um compromisso direto em caso de necessidade, como, por exemplo, no momento em que teve de enfrentar a situação dramática causada com a guerra pela nacionalização do canal de Suez, tendo que se dedicar de corpo e alma a um empenho mais intenso nos centros de educação dirigidos pela congregação.

Quando foi chamada ao Vaticano, o patriarca da Igreja copta egípcia, Stephanos I Sidarous, exprimiu o seu apreço, considerando importante a presença da comunidade copta feminina e, em particular, de Madre Khouzam.

A sua riquíssima experiência humana e, sobretudo, a sua sensibilidade ecumênica explicam as fortes emoções que sentia a propósito de três episódios que a impressionaram profundamente: [1] quando, no dia 13 de novembro de 1964, Paulo VI ofereceu a sua tiara, para doá-la aos pobres, evocando um estilo e um comportamento de pobreza que a Igreja devia testemunhar ao mundo; [2] quando o Papa foi à Terra Santa em peregrinação, em janeiro de 1964, com objetivos penitenciais e ecumênicos, e abraçou o patriarca ortodoxo Atenágoras I; [3] e também quando, durante a celebração de 7 de dezembro de 1965, para selar este acontecimento histórico, foram abolidas, com uma declaração oficial, as sentenças de excomunhão recíprocas que, em 1054, tinham conduzido ao Cisma do Oriente, e, perante o espanto geral, Paulo VI beijou o pé do Melitão da Calcedônia, legado de Atenágoras.

Madre Khouzam unia uma viva preocupação com a condição feminina à sensibilidade pessoal pelas questões ecumênicas de grande fôlego. Ela pensava que tinha chegado o momento de educar todas as mulheres relativamente às graves responsabilidades da sociedade humana e, além disso, desejava uma melhor formação de leigos empenhados na educação cristã.[3]

---

[3] ASV. *Conc. Ecum. Vat. II*, 1163, f. 12.

Marie Henriette Ghanem

Madre Marie Henriette Ghanem foi chamada ao Concílio no dia 21 de setembro de 1964, na qualidade de superiora-geral das religiosas maronitas do Líbano, de 1952 a 1964. A sua congregação, com uma vocação tipicamente *inter-ritual* e de jurisdição latina, denominada Sagrados Corações de Jesus e de Maria de Beirute, tinha nascido em 1874, em Beirute, pela fusão de duas associações de espiritualidade inaciana: as *Mariamettes*, de Bikfaya e as Filhas Pobres do Sagrado Coração, de Maallaqat-Zahlé.[1] De direito pontifício, era composta por irmãs libanesas e sírias. A *inter-ritualidade* emerge com força, se se pensar que a congregação conservava no seu interior todos os diferentes ritos representados no Líbano e na Síria: maronita, greco-melquita, siríaco, armênio, caldeu e latino (que era estritamente seguido somente nas festividades do calendário litúrgico). Essa experiência, especialmente considerando o território "difícil" em que aconteceu, tem muita força, não só no plano do testemunho mas também no plano simbólico. Os efeitos benéficos foram quase imediatos: tinha-se permitido uma integração mais fácil de membros pertencentes a diferentes ritos que

---

[1] Henri Jalabert. Sacri Cuori di Gesù e di Maria di Beirut (Líbano), suore dei. *Diz. ist. perf.*, v. VIII, coll. 300-302. [O nome *Mariamettes* refere-se à Sociedade das Filhas de Maria que, após os primeiros votos, tomavam o nome de Marias da Imaculada (*Mariamettes*) Conceição – N.E.]

deviam pôr-se ao serviço das Igrejas locais e, ao mesmo tempo, dera-se um sinal universalmente válido sobre a possibilidade de superar os particularismos, participando na vida litúrgica consoante o lugar onde se encontrava inserida a comunidade: uma mensagem simultaneamente humana e evangélica.[2]

    A congregação tinha em grande apreço a educação das meninas e das adolescentes num contexto histórico-social em que a educação feminina era tradicionalmente quase nula e a vida religiosa não conhecia outro caminho a percorrer além da vida claustral. A espiritualidade dos jesuítas, sintetizada na expressão "ser contemplativo na ação", representou um impulso não indiferente para a ativação de uma vida de apostolado feminino aberta às necessidades da sociedade e variada nas suas atuações de acordo com as necessidades diferenciadas que, às vezes, emergiam num contexto social, atravessado, além do mais, por contínuos conflitos bélicos. Instituições educativas, atividades hospitalares e assistência às realidades mais desfavorecidas são apenas algumas das múltiplas formas de missão que a comunidade desenvolvia, estando aberta a todas as formas de integração.

    Marie Henriette Ghanem era uma mulher de cultura ampla e viva, continuamente ativa e voltada não somente para algumas das atividades da sua comunidade, como o ensino e as ações missionárias, mas também para o progresso pessoal, traduzindo livros e preparando programas culturais e religiosos para a rádio libanesa.

---

[2]   Um grupo delas, enviado ao Egito em 1888, deu origem em 1913 à Congregação das Irmãs Egípcias do Sagrado Coração de rito copta, presente no Concílio através da superiora, Marie de la Croix Khouzam, também ela auditora.

No Concílio, o Padre Henri de Lubac recorda que teve com ela algumas conversas matutinas,[3] cujo conteúdo infelizmente ignoramos (assim como também não nos chegou nenhum traço das suas possíveis intervenções nas comissões). Como era próprio do seu caráter, Madre Ghanem considerou o Concílio uma extraordinária ocasião de diálogo e de reconciliação no respeito pelas diferenças. A esta sua atitude juntava-se também um espírito propositivo e confiante nas possibilidades de evolução e de mudança. A propósito, considerava importante que se saísse da ótica de algumas prescrições já superadas. Tudo isto em ordem a um vivo desejo de recuperar os significados mais evangélicos da vida religiosa, de modo a torná-la menos ancilosada e, sobretudo, mais participante nas exigências de justiça social.[4] Todavia, e como já se pôde intuir, a sua atenção não se dirigiu unicamente para a vida religiosa: numa carta de março de 1965, enviada às outras auditoras, exprimia o seu desejo de potenciar a colaboração, que era tímida e rara no Líbano, entre religiosas e leigas, através da escola e das relações com outros movimentos ativos no território.[5]

Não podemos deixar de lado a abertura mental desta mulher que – tendo compreendido a necessidade de uma formação teológica sólida, mas com a possibilidade de ser oferecida a todos – colaborou em Beirute na fundação do Instituto de Ciências Religiosas, ligado à Faculdade de Teologia da Universidade Saint Joseph, criada pelos jesuítas.

---

[3] Henri de Lubac. *Quaderni del Concilio*, Milão, Jaca Book, 2009, p. 724.
[4] Entrevista na revista *Ancillae Cordis Iesu*, 105, 1 (1965), p. 42.
[5] ASV. *Conc. Ecum. Vat. II*, 671, f. 6.

A sua experiência ecumênica não se deteve no Concílio, pois, de fato, manteve vivos contatos com outras personalidades religiosas; como quando, por exemplo, em novembro de 1965, visitou durante alguns dias a casa generalícia das Irmãs de Maria Bambina, em Milão, juntamente com a madre indiana Teodósia Colaço, superiora-geral do Apostolic Carmel de Mangalor; sendo ela quem, 15 dias mais tarde, hospedou no Líbano Costantina Baldinucci, em viagem para a Índia.

Sabine de Valon

Sabine de Valon tinha 65 anos quando, no dia 21 de setembro de 1964, foi chamada a participar no Concílio. Superiora-geral da Sociedade do Sagrado Coração,[1] fora também organizadora e primeira presidente da União Internacional das Superioras-Gerais (UISG), portanto de todas as casas religiosas do mundo.

Nasceu em Cahors, sul de França, em 1899; no entanto, quase toda a sua educação decorreu na Espanha, em San Sebastián, por vontade expressa dos seus pais, que queriam dar à filha uma educação centrada nos valores da Igreja Católica, o que era difícil na França do início do século XX.

Com 20 anos e coincidindo com o grande regresso das religiosas à França, iniciou o seu noviciado no Sacré--Cœur de Rougemont, nos arredores de Marmontier. Imediatamente se dedicou ao ensino nas escolas médias e superiores. Em 1939, enquanto ensinava em Grenoble, foi nomeada superiora. Apenas três semanas depois, rebentou a guerra, não hesitando em transformar o seu convento num hospital, adaptando-o às necessidades do conflito. Logo a seguir à guerra, em 1946, tornou-se superiora da

---

[1] A Société du Sacré-Cœur de Jésus é uma congregação de direito pontifício que foi fundada em 1800 por Madeleine-Sophie Barat (1779-1865) para a educação da juventude. Na altura do Concílio, contava com 6.000 irmãs divididas em mais de 190 casas.

casa de Toulouse, onde permaneceu até 1954, tendo sido nomeada superiora da casa de Trinità dei Monti, em Roma, onde permaneceu três anos. Em abril de 1958, foi nomeada superiora-geral. No desempenho deste papel tão importante, vivificou e internacionalizou os contatos, visitando comunidades espalhadas pelo mundo (tanto na Europa como na América do Sul e no Oriente) e impulsionando uma nova maneira de pensar a vida missionária. Tinha um fortíssimo sentido de pertença à Igreja: "L'Église c'est nous", pensava, assumindo ela própria e a sua comunidade um inédito sentido de responsabilidade.[2] Em Roma, instituiu a obra das missionárias voluntárias leigas (Voluntárias das Missões do Sagrado Coração), que haveriam de trabalhar gratuitamente em todo o mundo, respondendo assim às novas visões da Igreja sobre o tema da missão. Durante alguns anos, houve na casa de Roma uma seção dedicada exclusivamente a este projeto de formação.

A pedido de João XXIII, a Madre Sabine foi convidada, nos finais de 1962, para organizar a União Internacional das Superioras-Gerais, tendo como modelo o instituto masculino: União dos Superiores-Gerais. Foi precisamente por causa deste cargo que foi chamada a ser auditora do Concílio. No dia 25 de setembro de 1964, foi nomeada superiora das auditoras (por isso, aparecia sempre em primeiro lugar na lista oficial das auditoras) e, no dia seguinte, entrou na aula conciliar.

Foi uma experiência muito intensa. Sentia muito a responsabilidade do cargo: aguentou as pressões de um papel tão importante com grande resolução. Reforçou a

---

[2] *Lettres circulaires de nôtre très révérende Mère Sabine de Valon*, Roma, Maison Mère, 1967, p. 99, carta de 15 de maio de 1962.

sua preparação lendo, consultando, refletindo e discutindo com as outras superioras-gerais. Para Sabine de Valon foi um tempo de reflexão, de formação e de graça.³ Parecia-lhe que, através do Concílio, as religiosas e a Igreja poderiam chegar a uma maior harmonia com vantagem recíproca, na medida em que as próprias religiosas prestariam um serviço melhor e mais consentâneo com as necessidades dos tempos. Para ela, as religiosas auditoras eram uma presença significativa para todas as mulheres do mundo, e saudou o papel das mulheres no Concílio como "a passagem da sala de espera à sala de estar".⁴

Excelente latinista, não precisava de traduções ou de intérpretes. Participou na elaboração do Decreto *Perfectae caritatis*. Além disso, também estava muito atenta a todas as outras questões que atravessavam o Concílio, das mais espirituais às mais concretas, consciente de que "uma educadora deve saber tudo isso, porque tudo é importante".⁵

Teve uma relação amistosa com as outras auditoras, também favorecida por encontros fora das reuniões conciliares. Para fomentar as trocas de conhecimentos, convidou as auditoras para a sua casa-mãe, em 14 de novembro de 1965. Marie de la Croix Khouzam, superiora-geral das Irmãs Egípcias do Sagado Coração, propôs-lhe que fundisse as duas comunidades, apoiada no futuro Cardeal Philippe. A Madre de Valon avaliou positivamente esta proposta, pensando que poderia ser uma ocasião providencial de

---

³ Monique Luirard. *Sabine de Valon (1899-1990), Dixième Supérieure Générale de la Société du Sacré-Cœur* (1958-1967), Roma, Société du Sacré-Cœur de Jésus, 1997, p. 198. Agradeço à casa-mãe de Roma por ter posto à minha disposição esta biografia.
⁴ Carmel Elizabeth McEnroy. *Guests in Their Own House. The Women of Vatican II*, Nova York, Crossroad, 1996, p. 70. Cf. Luirard. *Sabine de Valon*, cit., p. 201.
⁵ Entrevista dada a Sole Sandri no *Gazzettino Veneto* de 20 de outubro de 1964, p. 1.

presença no Egito.[6] Seja como for, no Concílio, a personalidade com quem mais se relacionou foi a Madre Guillemin, das Filhas da Caridade, que, além do mais, tinha grandes dotes de medianeira: gozava de uma autoridade e de um crédito incontestados tanto entre os padres conciliares como junto dos institutos religiosos masculinos e femininos.

Frequentou as sessões acompanhada por sua secretária-geral, Françoise de Lambilly, e ambas manifestaram entusiasmo por estarem presentes e gratidão pelo privilégio que lhes fora concedido. Conscientes do significado daquele momento para a Igreja e para toda a Sociedade do Sagrado Coração, estavam em contato permanente com a casa-mãe para, momento a momento, atualizar as suas consorores sobre as mudanças exigidas pelos padres conciliares. Numa entrevista, exprimiu a convicção de que uma evolução, para ser duradoura e ter valor, não podia realizar-se toda de uma só vez, mas era necessário orar, pensar, amadurecê-la e aplicá-la consoante os lugares e as circunstâncias, fazendo com que se enriquecesse e germinasse; em suma, apropriando-se dela, no sentido mais profundo desta expressão.[7]

O seu trabalho foi duplamente fatigante: a sua participação no Concílio coincidiu com a preparação da XXVI Assembleia geral da Sociedade, tendo, por isso, de acumular uma dupla incumbência, a aula conciliar de manhã e a casa-mãe à tarde.

---

[6] Ocupou-se deste projeto na sua viagem ao Egito em dezembro de 1965; colaborou com as Irmãs Egípcias do Sagrado Coração para testar esta possibilidade. Depois de uma experiência de alguns anos, ambas as comunidades decidiram não se unir.

[7] Entrevista dada ao jornalista espanhol M. José Sirera e publicada na revista catalã *Ancillae Cordis Iesu*, 105, 1 (1965), pp. 37 ss.

Depois dos entusiasmos iniciais, a sua participação no Concílio foi marcada por ansiedade e sofrimento; o peso da responsabilidade ainda era mais gravoso, porque sabia que devia empreender mudanças significativas na maneira de viver das religiosas. A isto se juntava a consciência de que estas iniciativas podiam ser determinantes para o futuro das religiosas. Sabia que não podia permitir-se errar nem ter faltas de atenção. No Concílio, nos debates, tinha ouvido teses contra o que lhe haviam transmitido sobre a vida religiosa, e, em particular, sobre a do Sagrado Coração. A clausura, a separação do mundo e um número de práticas de origem monástica tinham tido o objetivo de salvaguardar a vida contemplativa dos seus membros. Isto comprometia a ação apostólica; mas o Concílio pedia às congregações que se definissem como apostólicas ou contemplativas. Tentar, como fazia a Madre de Valon, preservar a aquisição, salvar tudo o que já havia sido adquirido e salvar a unidade sem bloquear a modernização, isto é, mudar sem perder a identidade era uma empresa difícil. Em suma, o seu problema era pôr-se numa posição neutra, intermediária entre duas instâncias que, por fim – tinha a certeza –, acabariam por beneficiar a ambas. Gostaria de promover a evolução de maneira lenta, progressiva, mas como fazer para demonstrar fidelidade absoluta se, ao mesmo tempo, era necessário dar vida à mudança?

A Assembleia geral de 1964 significou, na história da Sociedade, uma ocasião excepcional de renovação, não só no espírito, mas também nos procedimentos: abolição da clausura e dos graus dentro do instituto, mudança jurídica dos votos – de perpétuos para temporários.[8] Não

---

[8] Cf. a carta de 15 de dezembro de 1964. In: *Lettres circulaires*, cit., pp. 153-160.

eram de menor peso os grandes temas do recrutamento, do noviciado, da formação e das obras. À Madre Sabine parecia que a mudança era irreversível, mas tinha medo dela. Diante da abolição da clausura teve uma posição de aceitação: "O Concílio disse que não pode haver clausura nos institutos apostólicos. Não devemos discutir, mas somente obedecer".[9] Os conflitos que daí advieram – que se referiam, essencialmente, às dificuldades de ter de separar-se de uma longa tradição, do medo da modernização, da dificuldade de conceder a liberdade e de redimensionar a sua autoridade[10] – evidenciaram medo e fraqueza na aplicação do Concílio e originaram preocupações e ansiedades que repercutiam na sua saúde.[11] Ela sentia uma dupla necessidade: estarem abertas ao apelo da Igreja de mudar e, ao mesmo tempo, serem guardas vigilantes dos valores absolutos da vida religiosa. Nesta dupla fidelidade, ela pressentia os perigos e os desvios que poderiam aparecer no momento em que a religiosa se "abrisse ao mundo", desleixando o silêncio e a relação com Deus ou, então, querendo afirmar a sua personalidade em prejuízo da obediência aos superiores.[12]

Sabine de Valon tinha medo da mudança de mentalidade que, sobretudo, as jovens religiosas começavam a manifestar e, numa carta de 25 de novembro de 1965, dirigida às superioras, manifestava toda a sua ansiedade

---

[9] Sobre a mudança de identidade da religiosa, devida ao Vaticano II, cf. Rosa Carbonell. *The One Who Lived It, Gives Witness Reflections about a Change of Identity*. Review of Ignatian Spirituality, XLI, 3 (2010), pp. 75-86.

[10] Ao falar de si, usava esta expressão: "A Madre Geral disse isso!", cf. Luirard, *Sabine de Valon*, cit., p. 228.

[11] Cf. Monique Luirard. *La Société du Sacré-Cœur dans le monde de son temps, 1865-2000*, Lille, Presses Universitaires du Septentrion, 1999, p. 442.

[12] Cf. carta de 25 de novembro de 1965. In: *Lettres circulaires*, cit., pp. 171-176.

relativamente a essas inovações, aconselhando que se ouvissem as ideias das consorores, mesmo as mais ousadas, e as analisassem; mas também exortava a que não esmorecessem na tarefa de dirigi-las, mostrando às jovens os "verdadeiros valores". Um dilema contínuo, irresolúvel, entre a vontade de abertura e o medo da novidade, frequentemente não ajudada pelas personalidades mais jovens, também elas contraditórias; de fato, no diálogo, é muito frequente que "apareça diante dos olhos a pobreza das suas argumentações, fazendo surgir os problemas; quando os raciocínios são bons, quem escuta lucra".[13] Destas palavras, parece evidente que ela travaria as "efervescências do pensamento", como lhes chamava, que punham em discussão sobretudo a dependência da autoridade.

A sua contínua tensão espiritual acabou por ser somatizada: teve um ataque do coração e a sua saúde deteriorou-se cada vez mais, desembocando num esgotamento nervoso. As solicitações consumiram a sua personalidade: de pessoa muito viva e sorridente que era, caiu em depressão, com sintomas de apatia, tristeza, falta de sono e de apetite.

Voltará novamente ao tema do Concílio, mas com uma apreensão cada vez maior: podemos notar que a sua sensibilidade atormentada a levava a posições de isolamento cada vez mais radicais. Estava convencida de que a vida religiosa não se podia medir pela eficácia do seu papel no mundo, um mundo que ela considerava materialista e cheio de perigos, sobretudo se nos detivermos naquilo que ela considerava as etiquetas da moda: a promoção da religiosa, a necessidade de diálogo, o agir como adultas, a atividade caritativa superior à oração, a ductilidade

---

[13] Ibid., p. 175.

da disciplina, a adoção de um estilo laico nas maneiras e na linguagem. Para a Madre de Valon, tudo isto haveria de terminar numa desnaturação da vida religiosa.[14] Este "pessimismo" acumulado já não podia conciliar-se com as pressões de cargos e encargos de altíssimo relevo: no dia 6 de novembro de 1967, pediu demissão. As suas posições e a sua própria saúde geravam fraturas e dificuldades na efetivação das reformas, já universalmente exigidas. Infelizmente para ela, a situação não iria melhorar tão depressa, pois seguiram-se tempos de incompreensão e de sofrimento.

---

[14] Ibid., pp. 177-185.

Juliana Thomas

A irmã Maria Juliana Thomas foi convidada no dia 21 de setembro de 1964, na qualidade de secretária-geral da União das Superioras da Alemanha (Vereinigung der [höheren] Ordensoberinnen Deutschlands), posição que manteve de 1957 a 1968.

Madre Thomas fazia parte das Escravas Pobres de Jesus Cristo (Armen Dienstmägde Jesu Christi), comunidade fundada em 1851 por Katherine Kasper (1820-1898) na pequena aldeia de Dernbach, para tratar dos doentes e da educação da juventude. O governo nazifascista vexou-a com perseguições, até chegar ao encerramento generalizado das escolas. Retomou-se nos anos 1950, intensificando as atividades assistenciais e educativas. Juliana Thomas, pessoalmente empenhada no cuidado das crianças deficientes, esforçava-se por promover sobretudo a especialização hospitalar, para dar às enfermeiras leigas maior crescimento profissional, dando-lhes a possibilidade de trabalhar em harmonia com as enfermeiras religiosas.

A participação no Concílio e o consequente confronto com teólogos e bispos alemães permitiram-lhe que se abrisse a novos horizontes, sobretudo no ambiente ecumênico, a que era particularmente sensível. Apercebeu-se de que as auditoras tinham a extraordinária possibilidade de permutar experiências e iniciativas e de, mais tarde, poderem dar nos respectivos países um impulso à atualização da vida religiosa segundo as exigências do tempo.[1] Além disso, este confronto esclareceu-lhe ainda mais os deveres da vida religiosa, dando-lhe maior consciência da sua escolha como mulher de fé.

Tinha a cultura como algo fundamental da preparação feminina, a começar por poder viver responsavelmente no mundo. Por outro lado, ela não considerava a vida religiosa uma ilha, pois, como já tinha demonstrado, achava ser necessário intensificar a colaboração entre religiosas e leigas, sobretudo através da escola e, mais especificamente, em relação à sua experiência, através do trabalho de enfermagem, que as via empenhadas juntamente no campo delicado da assistência.[2]

Interveio com especial cuidado no debate de 11 de novembro de 1964, na 120ª Congregação geral, relativamente ao *aggiornamento* e à renovação da vida religiosa.[3] Realçou a preocupação dos padres conciliares em poderem estabelecer nas congregações religiosas um justo equilíbrio entre a salvaguarda das suas características e a necessidade de adequar-se aos tempos que mudavam. Também sublinhou fortemente a urgência expressa por alguns, entre os quais o arcebispo de Munique, Julius Döpfner,[4] de um regresso

---

[1] Cf. entrevista em *Ancillae Cordis Iesu*, 105, 1 (1965), p. 43.
[2] ASV. *Conc. Ecum. Vat. II*, 671, f. 8.
[3] Juliana Thomas. Die Beratungen des Konzils über die zeitgemässe Erneuerung des Ordenslebens. *Ordens Korrespondenz*, 6 (1965), pp. 11-23; Id., Die Frau beim Konzil. *Kranken Dienst*, 4 abril (1966), pp. 103-105.
[4] O Cardeal Julius Döpfner desempenhou um papel de primeiro plano no Concílio, testemunhado também pelo fato de ter sido o prelado com maior número de intervenções feitas na aula conciliar, além do seu prestígio pessoal e da influência que exerceu em todos os grandes documentos do Vaticano II; cf. Jan Grootaers. Protagonisti del Concilio. In: *Storia della Chiesa. La Chiesa del Vaticano II* (1958-1978), dir. de Maurilio Guasco, Elio Guerriero, Francesco Traniello, xxv/1, Milão, San Paolo, 1994, pp. 418-425.

às fontes da Escritura e da liturgia. Além disso, tornou-se defensora acérrima da ideia, que já era de muitos – entre os quais o Cardeal Suenens –, de que se devia elaborar uma formação espiritual específica para as religiosas de vida ativa, que fosse mais apostólica e mais adequada à formação de mulheres adultas e responsáveis. Uma tensão positiva para a inovação, sem desleixar as instâncias de vida católica; em suma, um "evangelismo ecumênico".

Sobre a questão feminina, Madre Thomas interveio com uma carta enviada a Rosemary Goldie, em 16 de fevereiro de 1965. Nela exprimia a sua convicção de que a mulher devia exercer uma liberdade plena de escolha matrimonial e que a Igreja tinha uma grande responsabilidade, que não podia subavaliar, de favorecer o reconhecimento da dignidade da mulher e do seu papel, de capital importância, para o crescimento da sociedade civil e religiosa. Na sua opinião, era preciso olhar para o homem e para a mulher na sua unidade criatural.[5]

Também teve um encontro com Gertrud Heinzelmann, com quem seguramente trocou opiniões relativamente à condição discriminada da mulher na Igreja; contudo, não sabemos se partilhavam completamente das mesmas ideias.

---

[5] ASV. *Conc. Ecum. Vat. II*, 671, f. 9.

Suzanne Guillemin

Nascida em 16 de novembro de 1906, em Bétheniville (França), Suzanne Guillemin entrou nas Filhas da Caridade com 21 anos.[1] Foi enviada para um bairro operário do XVIIIe *arrondissement* [circunscrição] de Paris, onde se dedicou de corpo e alma à visita dos doentes, à catequese e às obras educativas. Em 1938, foi nomeada irmã *servente* da mesma casa e dirigiu-a durante os anos difíceis da guerra. Em 1948, foi enviada a Tourcoing, para dirigir um importante instituto de educação; ao mesmo tempo, exercia as funções de *visitadora* da região Norte, que compreendia 48 casas, entre as quais 10 hospitais e hospícios, 23 casas de caridade e várias obras polivalentes.[2] Em 1954, foi novamente chamada a Paris, com a missão de organizar e de assumir a direção-geral na Central das Obras da comunidade, "um organismo de estudos, de documentação, de unidade, de pensamento e de

---

[1] As Filhas da Caridade são uma sociedade de vida apostólica fundada em Paris, em 1633, por Vicente de Paulo e Louise de Marillac, para o exercício das obras de misericórdia corporais e espirituais (assistência aos pobres, aos doentes, aos encarcerados, aos órfãos, aos soldados feridos etc.). Por isso, as Filhas devem exercer a caridade, servindo Cristo nos irmãos que sofrem, qualquer que seja a forma de pobreza sob que se apresentem. É uma sociedade com características nitidamente seculares, na qual as "sócias" emitem "votos privados anuais". No tempo do Concílio, contava quase 4.000 casas em todo o mundo.

[2] Cf. Claire Herrmann. Madre Suzanne Guillemin. In: *Echi della Compagnia*, 1 (2007), pp. 66-72.

direção no sentido de orientação de tudo o que se refere às Obras".[3] No dia 11 de junho de 1962, foi eleita superiora-geral; estava à frente de 45.000 irmãs em todo o mundo, com cerca de 4.000 fundações presentes em 65 países. Por isso, iniciou uma longa viagem para visitar as casas e promover o nascimento de outras. Em suma, uma religiosa "empenhada", sempre pronta para o trabalho duro.

Em 22 de setembro de 1964, foi nomeada auditora no Concílio. Recordou a sua chegada ao Vaticano – a 29 de setembro – desta maneira:

> Esta manhã, com ansiedade, uni-me à multidão dos bispos que entravam pela porta "Santa Marta"; as auditoras foram colocadas na tribuna dos peritos, do lado direito da Mesa da Presidência e dos cardeais moderadores, que víamos perfeitamente. Já lá estava a Madre de Valon com a Madre Estrada da Espanha e a senhorita Rosa Maria Goldie da Austrália; apresentamo-nos imediatamente, comunicando os nossos sentimentos. Muitos bispos passaram por lá para nos saudar. [...] O Cardeal Antoniutti veio duas vezes, a primeira para manifestar-me o seu agrado pela mudança do hábito, a segunda para levar-me um desenho humorístico sobre o voo da *cornette*.[4]

Ao contrário das outras auditoras, a Madre Guillemin não ficou surpresa por ter sido chamada: estava plenamente consciente do seu trabalho pioneiro, realizado na formação das Filhas da Caridade. Tinha feito algumas modificações nos usos da comunidade e, em setembro de

---

[3] Id., Madre Suzanne Guillemin. In: *Echi della Compagnia*, 2 (2007), pp. 134-135.
[4] Palmarita Guida. *Madre Guillemin. Figlia della Carità 1906-1968*, Nápoles, 1998, p. 185. A *cornette* era o toucado típico das Filhas da Caridade, que avançava para a frente do rosto. Cf. Luigi Nuovo. Figlie della Carità di S. Vincenzo de' Paoli, ficha n. 168. In: *La sostanza dell'effimero. Gli abiti degli Ordini religiosi in Occidente*, catálogo a cargo de Giancarlo Rocca, Roma, Paoline, 2000, pp. 531-534.

1964, já havia posto em ação as primeiras mudanças relativas ao hábito. Por isso, ficou muito contente com a presença de religiosas no Concílio que, para ela, representavam

> um sinal dos tempos, em que se afirma a promoção feminina na sociedade. [...] Deste modo, a Igreja mostrou a vontade de conceder uma posição especial à vida religiosa feminina. Podemos dizer que, com esta presença, a vida religiosa feminina começa a evoluir e a participar na elaboração das decisões que lhe dizem respeito.[5]

Suzanne Guillemin com a *cornette* pré-conciliar e com o hábito modificado.

Desse modo, as religiosas convidadas "tomaram plenamente consciência da sua pertença à Igreja".[6] Por isso, julgou o Concílio de maneira muito positiva:

---

[5] Suzanne Guillemin. *La nostra missione di religiose. Conferenze e testimonianze*, Bolonha, Dehoniane, 1970, p. 163 (trad. de *Conférences et témoignages*, Paris, Fleurus, 1968); cf. Luigi Mezzadri. Testimone della carità al Concilio Vaticano II: madre Suzanne Guillemin, fdc (1906-1968). In: Giancarlo Perego (ed.). *La Chiesa della Carità*, Bolonha, EDB, 2009, pp. 17-31.

[6] S. Guillemin. *La nostra missione di religiose*, cit., p. 164.

O Concílio foi um concílio de verdade e de liberdade, um concílio à escuta dos homens e do mundo, um concílio com perspectivas universais e voltado para a humanidade. É segundo estas três constantes do trabalho conciliar que deve realizar-se a nossa "conversão".[7]

A Madre Guillemin participou na terceira sessão com grande empenho e competência. Chegou até a elaborar uma "nota" sobre os problemas da vida religiosa do ponto de vista teológico-formativo, que entregou a alguns membros da comissão.[8]

O seu empenho ativo e a sua ilimitada competência prática granjearam-lhe muitíssimo crédito no seio do Concílio. Antes de exprimir um voto sobre o esquema, os bispos franceses consultaram-se uns aos outros e, a pedido do Cardeal François Marty, seu delegado, pediram à madre que lhes comunicasse o seu pensamento, pois desejavam estar informados sobre os problemas das religiosas de vida ativa. No dia 26 de outubro de 1964, ela expôs-lhes as questões mais importantes.[9] Porque já o tinha vivido, ela compreendia que o contexto social se tinha modificado profundamente e era preciso que as irmãs se inserissem como religiosas nesse mundo em transformação. Sabia que, para a vida religiosa, a mudança sempre anunciava e trazia tensões; e, de modo especial, ela apercebia-se de que tudo isso poderia causar grande impacto na sensibilidade feminina. De fato, poderia com razão parecer às religiosas

---

[7] Ibid., p. 165.

[8] [Maria Clara Bianchi]. *Il postconcilio e la suora. Documentazione relativa all'attività di madre Costantina Baldinucci come "uditrice" al Concilio Ecumenico Vaticano II nella III e IV sessione*, Viboldone, Tip. S. Benedetto, 1967, p. 142.

[9] Texto integral em Claire Herrmann, Madre Suzanne Guillemin. In: *Echi della Compagnia*, 4 (2007), pp. 272-296.

que a vida ativa ia contra a espiritualidade contemplativa que esperavam viver. Ela, que era contemplativa, considerava que a maneira de caminhar para Deus deveria ser na ação, no encontro com a gente comum. Para ela, o *aggiornamento*, que assumia também os significados de reforma (mudança) e de inculturação (adaptação aos diferentes contextos culturais), devia comportar uma conversão do espírito. Afirmava que a religiosa devia passar

> de uma situação de posse para uma posição de inserção, de uma posição de autoridade para uma posição de colaboração, de um complexo de superioridade religiosa para um sentimento de fraternidade, de um complexo de inferioridade humana para uma aberta participação na vida; de uma preocupação de "conversão moral" para um empenho missionário.[10]

Nesse perspectiva, apresentou sérios juízos sobre o esquema, que julgava demasiado tímido e orientado para o lado jurídico e também pouco decisionista.

Em 12 de novembro de 1964, Gérard Huyghe, bispo de Arras, na sua intervenção, tinha pedido que as religiosas fossem admitidas a trabalhar com as comissões dos religiosos, da mesma maneira que os auditores leigos tinham sido admitidos a trabalhar na Comissão Conciliar do Apostolado dos Leigos.

A Madre Guillemin compreendia que uma transformação da formação através de uma "renovação do espírito e das estruturas" comportaria uma redefinição da educação e do espírito missionário: a mudança do hábito era um sinal externo e eficaz dessa mudança. Durante o Concílio, o Cardeal Suenens tinha chamado a atenção para o hábito

---

[10] Guillemin. *La nostra missione di religiose*, cit., pp. 36-37.

antiquado e até ridículo de muitas irmãs, e para os seus usos, que derivavam não de princípios religiosos, mas sobretudo da condição sociológica da mulher no passado.[11] As Filhas da Caridade eram inconfundíveis com a sua *cornette* branca, que tinha sido modelada sobre o toucado das camponesas da região parisiense de Seiscentos. No seu tradicionalismo, o hábito estava de tal maneira antiquado que, quando o presidente De Gaule soube que as Filhas da Caridade iriam modificá-lo, disse: "O quê? As Filhas da Caridade mudarem a *cornette*? Bem, agora podemos propor que se mude a bandeira francesa!".[12]

Para as irmãs, a mudança foi um sacrifício, mas a madre encorajou-as, reafirmando que todos haveriam de reconhecer as Filhas da Caridade não pela *cornette*, mas pela paixão pelo serviço, enquanto expressão da caridade. Outro sinal da inclinação absoluta para a ação que animava a superiora.

Como é óbvio, além do hábito, havia muitos outros problemas que as religiosas teriam de enfrentar. Suzanne Guillemin considerava que, substancialmente, havia dois caminhos sobre os quais as irmãs teriam de avançar para tornar evidente o seu papel fundamental na vida, religiosa ou não. Um referia-se à sociedade: ela haveria de equiparar os atos de caridade a atos profissionais. Em outras palavras: enquadrá-los num sistema jurídico com as suas leis e os seus conceitos, deslizando da noção de socorro caritativo para a de resposta a um direito. O outro caminho,

---

[11] Cf. Leo Jozef Suenens. *The Nun in the Word*, Westminster, Newman Press, 1960 (trad. it. *Nuove dimensioni nell'apostolato della suora*, Milão, Paoline, 1963). Ela considerava este livro um *vade-mécum*, um livro de consulta permanente.

[12] Cf. Carmel Elizabeth McEnroy. *Guests in Their Own House. The Women of Vatican II*, Nova York, Crossroad, 1996, p. 166.

pelo contrário, referia-se à Igreja: era-lhe pedida a promoção dos leigos à evangelização e à caridade, considerando os problemas numa dimensão já não apenas local, mas internacional.

Considerava que a presença das Filhas da Caridade no mundo deveria apresentar-se em formas renovadas. A própria autoridade, atribuída ao longo de séculos à vida religiosa enquanto tal, devia "servir em situação de fraternidade". O significado último das afirmações da Madre Guillemin era pouco menos que revolucionário: a vida religiosa já não se devia pôr autoritariamente acima dos leigos, mas ao seu lado, à escuta das necessidades do ser humano.

Além disso, realçava duas escolhas da vida religiosa: de um lado, a esclerose causada pelo imobilismo; do outro, o desejo de ascese. Ambos eram superados através da renúncia a certos privilégios concedidos ao estado religioso e da participação na vida dos outros.[13]

Provocatoriamente, para esclarecer ainda melhor aonde queria chegar, a Madre Guillemin lançou às suas irmãs cinco desafios:

1. Serem principalmente mulheres: "um fato surpreendente da nossa época é a ascensão da mulher a uma condição de adulta na sociedade contemporânea. [...] Hoje, a mulher deve sair cada vez mais da solidão, do estado de adolescência em que de boa vontade se tinha encerrado, dando sobre ela uma certa imagem ligada à fantasia e à emoção sentimental que parecia justificar o estado de dependência em que a sociedade a mantinha";[14]

---

[13] Mezzadri. *Testimone della carità*, cit., p. 27.
[14] Guillemin. *La nostra missione di religiose*, cit., pp. 237-252.

2. Ter uma profissão, dado que as tarefas da caridade se tinham profissionalizado (ensino, tratamento dos doentes etc.);
3. Serem sinais de Deus e da Igreja no mundo;
4. Serem missionárias, manifestando Deus ao mundo com a sua vida;
5. Serem veículo da caridade: menos preocupadas com os horários e mais amadurecidas na sua adaptação ao serviço.

Para ela, uma mulher de vontade firme, mas ao mesmo tempo brilhante, cheia de graça e de charme, era fundamental o diálogo e não a imposição. Considerava que a Filha da Caridade devia possuir a *lucidez* do conhecimento dos problemas no seu contexto, a *serenidade* que ajuda a resolver os problemas no tempo da crise, o *diálogo* na escuta das irmãs e a *firmeza* sobre as coisas essenciais da vida religiosa.

Considerava que a fidelidade não podia ser imobilismo, mas mudança (*renovation*), resposta dinâmica às situações em contínua transformação. Era importante que se inserissem nos funcionamentos da Igreja local, colaborassem com os leigos e com o clero, no serviço dos outros, realizando comunidade e operando em circuitos abertos. Era contrária à uniformidade e ao monopólio da "justa inspiração", reservada unicamente aos superiores. As superioras deviam estar em diálogo com as consorores, e cada religiosa, com flexibilidade e adaptabilidade, era chamada a aceitar responsabilidades pessoais a serviço dos pobres e em defesa dos seus direitos. A Filha da Caridade devia "cuidar do mundo".

No dia 5 de dezembro de 1965, na iminência da conclusão do Concílio, cerca de 200 superioras-gerais reuniram-se na sede provincial das Irmãs de Maria Bambina. O comitê permanente da União Internacional das Superioras-Gerais compunha-se de algumas religiosas residentes em Roma; com a tarefa de conselheiras foram eleitas as Madres Guillemin, Tobin e Baldinucci.

Repetia muitas vezes que, no período pós-conciliar, particularmente rico para a vida eclesial e para o mundo, tudo o que era medíocre estava condenado a desaparecer. Estava consciente de que, com o Concílio, se tinha entrado numa época nova, que ela definia como "atômica".

No dia 8 de março de 1967, já depois do Concílio, foi chamada como consultora da Comissão Pontifícia Iustitia et Pax e, em 22 de fevereiro de 1968, como consultora da Sagrada Congregação dos Religiosos. Em 10 de março de 1968 (antes de falecer, em 28 do mesmo mês), ainda conseguiu enviar algumas notas sobre a formação dos jovens religiosos.

Cristina Estrada

Cristina Estrada, superiora-geral das Escravas do Sagrado Coração de Jesus, de 1932 a 1965, é conhecida por possuir um caráter esquivo e reservado. Por isso e pelo fato de se considerar que devia manter o segredo relativamente à sua experiência, sabemos pouco da sua participação no Concílio. Todavia, o seu caráter não lhe impediu de desempenhar um papel mais que ativo: devia ser uma mulher enérgica e resoluta, já que, durante o seu mandato de superiora, abriu 31 novas casas nos Estados Unidos da América, no Japão e na Inglaterra, iniciando já nos anos 1930 mudanças no interior do seu instituto.

O seu nome também está ligado ao papel que tinha desempenhado no ato de nascimento da Policlínica Gemelli de Roma. De fato, no dia 19 de junho de 1932, a pedido de Pio XII, Cristina Estrada tinha oferecido à Santa Sé uma vasta quinta, com igreja e amplo edifício, que a congregação possuía nas alturas do Monte Mario, destinada à casa generalícia e de formação.[1] Na verdade, o Papa tinha pensado naquela quinta para oferecê-la ao Padre Agostino Gemelli, fundador da Universidade Católica,

---
[1] Trata-se da Pineta Sacchetti, um terreno com 40 hectares de hortas, prados e bosques; no centro, estão a casa de campo, o mosteiro, a igreja e uma residência para o cardeal protetor da congregação. A propriedade tinha chegado às irmãs como dote monacal de uma professa da família Sacchetti. Depois da doação à Santa Sé, as religiosas foram induzidas a transferir-se para Parioli, no nordeste romano, para abrir lá uma escola para serviço do bairro.

para o nascimento da Policlínica em Roma. Portanto, não foi por acaso que, no dia 21 de setembro de 1964, a Madre Estrada, já bem conhecida da Cúria Romana, figurasse como uma das primeiras auditoras no Concílio Vaticano II.

Cristina Estrada Carrera-Presas, nascida em Cuba em 1891, de pais espanhóis – filha de um médico militar –, mudava frequentemente de residência, seguindo as transferências da família.[2] Excelente pianista, de ampla cultura, quando regressou com a família à Espanha, a La Coruña, em 1915, entrou para as Escravas do Sagrado Coração de Jesus, comunidade de espiritualidade inaciana fundada em Madri, em 1877, pelas irmãs Rafaela e Dolores Porras y Ayllón, que tinham imprimido um forte caráter de *reparação* na ação apostólica da congregação, orientando-a para a educação na fé.[3]

Cristina fez os seus votos aos 23 anos e dedicou-se ao ensino, primeiro da música, depois de outras matérias. Enquanto estava em Barcelona, tornou-se madre provincial e, passados poucos anos (em 1930), foi chamada a Roma, onde lhe foi confiada a formação das jovens noviças. Em 1932, aos 41 anos, foi nomeada madre-geral e começou a viajar pelo mundo, abrindo casa em 17 nações. Introduziu na vida das noviças uma formação religiosa mais intensa, confiando-a já não à superiora, mas a uma mestra competente e, em 1949, o Capítulo Geral elevou para três anos a duração do noviciado. Era de estatura física não muito

---

[2] Cf. José Luis Bugallal. Madre Cristina Estrada, auditora en el Vaticano II. *Abc* (Madrid), 17 de novembro de 1965, p. 55.

[3] Maria Luisa Lamamié de Clairac. Ancelle del sacro cuore di Gesù di Madrid. *Diz. ist. perf.*, v. I, coll. 599-601. A atenção da congregação dirigia-se para as mulheres e para a sua promoção cultural através da ativação de escolas gratuitas (até ao magistério), dirigidas a todas as classes sociais. Em Roma, a sua casa foi aberta em 1890.

elevada, ao contrário da sua estatura espiritual: ativa e incansável, estava sempre cheia de otimismo e de sentido de humor. Vivia com paixão a sua religiosidade e considerava que a vocação religiosa devia ser vivida com "fervor e alegria". Durante o Concílio, precisamente em virtude do seu caráter esquivo, não gostava de falar com os jornalistas. Contudo, encontramos duas entrevistas, de 3 de novembro de 1964, ao *Gazzettino Veneto*, e de janeiro de 1965, à revista catalã *Ancillae Cordis Iesu*, em que exprime algumas considerações relativas à experiência conciliar.[4]

Madre Estrada via a presença das auditoras religiosas como uma força no próprio coração da Igreja. Era uma ocasião para que as religiosas tomassem consciência de que são Igreja e de que devem assumir a plena responsabilidade do momento de renovação profunda que se estava a atravessar e que sentia como uma exigência da *incarnação*.[5]

Todos pensam que nós, religiosas, só rezamos e não temos parte ativa na sociedade. Eu sempre lutei contra esta ideia. A oração é sempre a coisa mais importante, mas continuará ainda a ser importante, mesmo que não se lhe dedique o dia inteiro. Há muito que fazer no mundo, há muito que fazer para todos. As minhas irmãs podem e devem dar ao mundo um trabalho igual ao de qualquer outro profissional. Nós desejamos trabalhar na sociedade, fazer parte dela ativamente, não explorá-la nem viver à margem dela. As minhas irmãs não passam a vida a orar, fechadas no seu silêncio, por detrás dos muros dos seus conventos.[6]

---

[4] A Sole Sandri. *Gazzettino Veneto*, 3 de novembro de 1964, p. 13. Entrevista dada ao jornalista espanhol M. José Sirera. *Ancillae Cordis Iesu*, 105, 1 (1965), pp. 37-44.

[5] Ibid., p. 44.

[6] A Sole Sandri. *Gazzettino Veneto*, 3 de novembro de 1964, p. 13.

Em linha com esta profunda convicção de que devia ter irmãs preparadas, desde que se tornara superiora-geral, com grande sagacidade e visão ampla, tinha-lhes imposto que estudassem:

> Hoje, já não é como outrora, em que nos contentávamos com uma cultura insuficiente ou inexistente, porque bastava rezar. No mundo, há muito que fazer para todos. Logo que entram, as nossas irmãs começam ou recomeçam a estudar. Todos os gêneros de estudos, inclusive a universidade. Devem fazê-lo. Considero-o indispensável. As que não se inclinam para este gênero de estudos, tomarão outros diplomas, especializar-se-ão noutras coisas.[7]

Do mesmo modo, no clima de renovação e de repensamento acerca dos motivos inspiradores das fundadoras, ela intuía que a vocação reparadora deveria transformar-se, orientando-se para o diálogo com o mundo e para a promoção integral da mulher.[8] A religiosa deveria ter um papel de mãe, de irmã e de amiga, para seguir as jovens mulheres ao longo de toda a caminhada da sua vida (através de colégios, de organizações apostólicas e de casas de exercícios), ajudando-as a tomarem consciência da sua vocação batismal e da plena responsabilidade pessoal da missão da Igreja. Por isso, considerava extremamente significativo que o Concílio tivesse reconhecido a importância da mulher; também considerava essencial que a mulher descobrisse

> dentro de si aquele *quid* que torna um ser digno, forte: um ser humano com o seu significado e o seu valor. A mulher tem um grande lugar no mundo e pode fazer muito pelo

---
[7] Ibid.
[8] A M. José Sirera. *Ancillae Cordis Iesu*, 105, 1 (1965), pp. 37-44.

mundo, em todos os sentidos. Sobretudo agora que todas as portas estão abertas para ela, mesmo as da política, a mulher deve estar consciente dos seus direitos e de suas responsabilidades.[9]

No dia 18 de fevereiro de 1965, Cristina Estrada pediu ao Cardeal Antoniutti que a nova eleita, Madre Maria Luisa Landecho, pudesse substituí-la como auditora. O cardeal, porém, dada a alta consideração de que ela gozava não só entre os padres conciliares, mas também no grupo dos auditores e por causa dos contatos profícuos que ela já tinha estabelecido durante as sessões conciliares, confirmou a sua presença.

---

[9] A Sole Sandri. *Gazzettino Veneto*, 3 de novembro de 1964, p. 13.

Costantina (Laura) Baldinucci

Madre Costantina Baldinucci foi admitida nas sessões do Concílio, na qualidade de auditora, no dia 22 de setembro de 1964.

Nasceu em 17 de maio de 1902, em Audun le Tiche (França), filha de emigrantes italianos. Entrou muitíssimo jovem, em 1925, depois de se ter diplomado em contabilidade, no instituto milanês das Irmãs da Caridade das Santas Bartolomea Capitanio e Vincenza Gerosa, chamadas Irmãs de Maria Bambina [Menina],[1] dedicando-se ao ensino de línguas, ciência e matemática. A partir de 1940, trabalhou como enfermeira no hospital de Niguarda de Milão e, em 1946, foi para Nova York, onde seguiu um curso especializado para professores de enfermagem. Em 1950, tornou-se madre provincial em Milão; madre-geral, em 1957, e presidente da Federazione Italiana Religiose Ospedaliere (FIRO) [Federação Italiana das Religiosas Hospitaleiras], uma federação com cerca de 130.000 religiosas.

---

[1] Congregação de direito pontifício, o Instituto Maria Bambina abrange todas as formas de caridade e de assistência: das crianças aos idosos abandonados, dos doentes aos presos, dos cegos aos doentes mentais, segundo o espírito de São Vicente de Paulo. Nasceram em Lovere (prov. de Bérgamo, Itália), em 1832, por obra de Bartolomea Capitanio (1807-1833) e Vincenza Gerosa (1784-1847), e sob a direção do Padre Angelo Bosio. Cf. Giancarlo Rocca. Suore di Carità delle Sante Bartolomea Capitanio e Vincenza Gerosa, dette Suore di Maria Bambina. *Diz. ist. perf.*, v. II, coll. 386-389.

Madre Baldinucci estava especialmente ligada a Paulo VI. De fato, Giovanni Batista Montini, quando estava em Milão, foi cardeal protetor do instituto, que frequentava assiduamente, manifestando em diversas ocasiões um apreço pelo trabalho realizado pelas irmãs. Eleito Papa, quis permanecer protetor, "como testemunho de paterna benevolência", e pediu a quatro delas que cuidassem do seu apartamento privado no Vaticano.

Surpreendida por ter sido convidada para o Concílio, sentiu toda a sua responsabilidade, porque estava consciente do evento em que era chamada a participar. Na verdade, quando João XXIII anunciou o propósito de reunir um Concílio, ela ficou particularmente emocionada e compreendeu que nos encontrávamos diante de uma viragem histórica: "Parece que está morrendo um mundo e constituindo-se outro".[2]

Chegou a Roma no dia 28 de novembro de 1964, juntamente com a secretária, a Irmã Maria Clara Bianchi – que a substituiu na quarta sessão, quando a Madre Costantina foi chamada urgentemente a Milão por compromissos de governo –, e, no dia 29, entrou na aula conciliar. Ela considerava que a presença das religiosas no Vaticano II não deveria ser silenciosa nem passiva, mas, ao contrário, ativa e imprescindível: a religiosa deveria assumir um novo sentido de responsabilidade através de uma participação plena na vida da Igreja. Segundo a Madre Baldinucci, o pequeno número de auditoras que ocupavam a tribuna de Santo André representava a multidão das irmãs invisíveis e silenciosas que trabalhavam na Igreja. Por isso,

---
[2] [Maria Clara Bianchi]. *Il postconcilio e la suora. Documentazione relativa all'attività di madre Costantina Baldinucci come "uditrice" al Concilio Ecumenico Vaticano II nella III e IV sessione*, Viboldone, Tip. S. Benedetto, 1967, p. 45.

ela lamentava-se quando notava que alguns bispos não consideravam importantes os problemas das religiosas ou atrofiavam a sua participação, como aconteceu quando o Cardeal Antoniutti recusou o pedido de que as auditoras trabalhassem na Comissão do Esquema sobre a Vida Religiosa, que, na opinião de alguns observadores, tinha uma formulação demasiado clerical.

A madre não esmoreceu: apresentou ao Papa a obra importante desenvolvida pela Federação das Religiosas Italianas, sabendo que Paulo VI queria que elas entrassem de pleno direito no apostolado, e dele recebeu a permissão para envolver outras religiosas nas questões mais urgentes a submeter aos padres conciliares. Distribuiu um questionário de que emergiram desejos, problemas e expectativas das irmãs de várias nacionalidades, que ela elaborou num texto que foi entregue ao Papa.

Intensificou os contatos com peritos, religiosas, bispos e cardeais. Com alguns deles, que frequentemente foram seus hóspedes ao jantar (Francis Spellman, Leo Jozef Suenens, Giuseppe Carraro, Giuseppe Giampiero, Enzio d'Antonio, Gérard Huyghe, Louis La Ravoire Morrow, Tarcisio Benedetti, Corrado Ursi, Ernesto Camagni e Pius Kerketta), discutiu especialmente sobre o estabelecimento de maior contato entre a hierarquia e as religiosas, sobre o problema das vocações, da modernização das obras de assistência, de como manter os noviciados e da superação de formas e mentalidades conventuais. Foi constante a confrontação com o padre jesuíta Paolo Molinari.

Esteve presente em muitos encontros com as outras auditoras, partilhando sobretudo problemas comuns às religiosas; de modo particular, estabeleceu ligações com as Madres Guillemin e Tobin, com quem trabalhou a questão do esquema sobre a vida religiosa. Das discussões conciliares, concluiu-se que as religiosas tinham de abrir-se, de renovar-se e adaptar-se às exigências da vida hodierna; tinham de aprender a colaborar de maneira mais eficiente, e sem tantos medos do apostolado dos leigos; tinham de tomar consciência das características típicas da sua vocação no seio da Igreja, na diversidade de funções. Além disso, veio à luz a importância da formação cultural.

De fato, a primeira discussão em que tomou parte foi sobre o tema da revelação divina, e a complexidade da questão teológica fez com que ela compreendesse a importância de uma preparação escriturística e teológica mais sólida das religiosas, até porque frequentemente eram dela muito carecidas no plano cultural. Elas devem tornar-se capazes de retificar ideias, de orientar ou de apelar para os grandes valores, de dar clareza ao ensino, tornarem-se sensíveis à liturgia, ajudarem as pessoas a passar de uma concepção passiva de vida cristã a uma concepção consciente, ativa, e a uma maior responsabilidade apostólica.[3]

Estava assessorada por conselheiras (as Irmãs Luigina Pfitscher, Costantina Laurenzi, Maria Clara Bianchi, Andreina Vegetti e Immacolata De Rita) e enviava circulares às suas consorores, pondo-as ao corrente daquilo que acontecia durante os encontros conciliares, de modo que também participassem nas orientações que iam surgindo. Ela mesma criou ocasiões de intercâmbio com as outras irmãs: preparou dois encontros, um em Milão, a 15 e 16 de fevereiro de 1965, e outro em Roma, nos dias 19 e 20 de fevereiro. A 18 de novembro do mesmo ano, convidou para o almoço todas as madres auditoras estrangeiras,

---

[3] Ibid., p. 105.

para fortalecer os laços de amizade. Um encontro cheio de emoção, de afeto e de alegria.

Madre Guillemin pediu-lhe que fosse a Paris, Madre Tobin convidou-a a ir à América; e o mesmo aconteceu com as outras. Na mesma ocasião, houve uma interessante conversa com Marie-Louise Monnet sobre a troca de experiências entre leigos e religiosas na França.

No dia 5 de dezembro de 1965, na iminência da conclusão do Concílio, cerca de 200 superioras-gerais reuniram-se na sede provincial do seu instituto e foi eleita conselheira da UISG, juntamente com as Madres Guillemin e Tobin.

Relativamente à chamada "promoção da mulher", exprimiu uma posição moderada. Considerava que a mulher não devia ser totalmente equiparada ao homem, porque,

> como pessoa, a mulher tem os mesmos direitos que o homem, mas não as mesmas características; a sua função de mulher e a sua missão devem ser salvaguardadas; deve permanecer mulher e mãe no trabalho, na sociedade, em todas as possíveis vocações; e, neste campo, o nosso dever continua a ser o de educá-la a viver as suas responsabilidades de mulher e de mãe, a manter o equilíbrio na sua atividade e na sua psicologia, embora apoiando os movimentos da sociedade.[4]

Apesar disso, estava aberta às mudanças, que considerava fundamentais para adequar-se às necessidades dos tempos: "Quem seguiu os trabalhos do Concílio, sente que a Igreja é, toda ela, um fermento de crescimento, de

---

[4] Ibid., pp. 124-125. Numa entrevista concedida a *Ancillae Cordis Iesu*, 105, 1 (1964), pp. 38ss, repete o que considera ser o papel da mulher livre e responsável no plano da Providência e como a consagrada e a leiga devem trabalhar juntas para se compreender e amar.

mudança e de renovação".⁵ Ela considerava que *aggionarsi* [atualizar-se, renovar-se, converter-se... – N.T.] não queria dizer renegar o passado, mas continuar a vivê-lo nos seus melhores valores, com uma nova sensibilidade, aberta a todas as exigências atuais.

Madre Baldinucci sentiu-se gratificada por ver que os bispos deixaram o Concílio, pelo menos, mais conscientes dos problemas das religiosas.

---

⁵ [Bianchi]. *Il Postconcilio e la suora*, cit., p. 120.

Claudia (Anna) Feddish

No dia 13 de outubro de 1964, a madre Claudia Feddish recebeu a carta de convite para participar no Concílio. Natural da Pensilvânia (EUA), era superiora-geral (1963-1971) das irmãs de rito bizantino da Ordem de São Basílio Magno, a mais antiga Ordem monástica da Igreja (ca. 359).

A comunidade feminina russa, que surgiu por volta do ano 1000 e da qual Feddish fazia parte, conhecera na Ucrânia muitas perseguições, que acabaram na supressão de 1839 e na chegada do regime comunista. Em 1911, as basilianas estabeleceram-se na América entre os emigrantes ucranianos, dando vida a florescentes casas na Pensilvânia, em Uniontown e em Filadélfia, empenhadas no campo do ensino e nas missões paroquiais. Desde 1951, a Ordem tornou-se pontifícia, com o governo central em Roma e com uma presença significativa na Argentina e na Europa (aqui, também em países que, então, estavam sob o regime comunista). Palavra e exemplo, oração e trabalho, piedade e ação caracterizaram a comunidade basiliana, que procurou conjugar a espiritualidade monástica com um apostolado aberto à educação e à assistência – dirigido sobretudo aos católicos do rito bizantino.

Anna Feddish nasceu a 4 de julho de 1909, em Ontário (Pensilvânia, EUA), e, em 1925, com 16 anos, entrou na Ordem de São Basílio. Em 1930, fez a profissão solene e estudou em Scraton, no Marywood College, onde se doutorou com uma tese com o título *The Order of the Sisters of Saint Basil the Great, a history of their American Foundation and their Work among the Catholic Ruthenians* [Ordem das Irmãs de São Basílio Magno, uma história da sua Fundação Americana e do seu trabalho entre os rutenos católicos].

Ensinou em diversas escolas paroquiais na Pensilvânia e em Nova Jérsei, antes de ser eleita, em 1954, vigária-geral, no primeiro Capítulo Geral (Astoria, Long Island, Nova York), e, em 1963, superiora-geral em Roma, no segundo Capítulo Geral, encargo que manteve até 1971. Por ocasião da sua eleição, o Capítulo era presidido pelo Cardeal Josyf Slipyj, voz poderosa da "Igreja do silêncio", libertado precisamente em 1963, depois de 18 anos de cárcere siberiano, graças à intervenção de João XXIII. Foi o mesmo Slipyj que pediu oficialmente ao Cardeal Tisserant, no dia 30 de setembro de 1964, que nomeasse auditora a arquimandrita das monjas basiliana, Madre Claudia, como representante da mais antiga Ordem da Igreja.

Madre Feddish ofereceu, juntamente com as irmãs basilianas, hospitalidade e assistência ao cardeal. Ela própria, graças ao conhecimento das línguas (inglês, italiano e ucraniano) e das relações que tinha construído no Vaticano, foi uma ajuda válida a Slipyj, para abrir em Roma a Universidade Católica Ucraniana de São Clemente Papa. Ela transferiu para aí a sua residência a fim de melhor estar a serviço do cardeal. Ocupando-se do arquivo e da biblioteca, ensinando inglês, mas sem desleixar as responsabilidades inerentes à comunidade religiosa.

Poucas notícias temos do seu trabalho nas comissões conciliares. Conhecemos a sua sensibilidade a temas referentes ao *aggiornamento* da vida religiosa, que ela considerava necessário para favorecer uma melhor colaboração apostólica tanto com a hierarquia como com os seculares.[1] Considerava oportuno experimentar as novas formas de evangelização que os tempos exigiam, e também de abertura ao empenho da mulher na vida religiosa e na Igreja. Este seu impulso positivo e propositivo talvez tenha sido limitado e travado pela influência do Cardeal Slipyj, que ainda não estava pronto para aceitar as mudanças que estavam a acontecer no mundo ocidental e que comportavam uma avaliação diferente da figura e do papel feminino.[2]

No dia 28 de outubro de 1978, Madre Feddish foi atropelada em Roma por um carro e morreu alguns dias depois na Policlínica Gemelli. Por decisão do Cardeal Slipyj, foi sepultada na cripta da igreja romana de Santa Sofia.

---

[1] Cf. a entrevista publicada na revista *Ancillae Cordis Iesu*, 105, 1 (1965), toda dedicada ao Concílio.

[2] Carmel Elizabeth McEnroy. *Guests in Their Own House. The Women of Vatican II*, Nova York, Crossroad, 1996, pp. 76-77.

Jerome Maria Chimy

Depois de Madre Claudia Feddish, a segunda ucraniana convidada como auditora conciliar foi Madre Jerome Chimy, nascida no Canadá, superiora-geral das Irmãs Escravas de Maria Imaculada, de 1956 a 1974. Tratava-se, em nível mundial, da mais numerosa congregação religiosa feminina de vida apostólica segundo o rito bizantino-ucraniano.[1]

A congregação, fundada em 1892 por Josaphata Michaelina Hordashevska, com o apoio do seu diretor espiritual, o Padre Jeremias Lomnyckyj, nasceu de uma dupla necessidade: em primeiro lugar, satisfazer a necessidade de vida contemplativa típica da comunidade basiliana do lugar, sem, no entanto – em segundo lugar –, desleixar aquilo que é o fundamento da vida apostólica, quer dizer, a abertura a todos os necessitados. No início da Segunda Guerra Mundial, as casas ucranianas eram 102, mas foram todas confiscadas pelo regime comunista; infelizmente, juntou-se a esta injustiça o drama da perseguição, com prisão, deportação ou exílio das irmãs. Sobreviveram as casas que se tinham desenvolvido no Canadá (desde 1902), no Brasil (desde 1911), na antiga Iugoslávia (desde 1906), nos Estados Unidos (desde 1935) e nos centros europeus de emigração ucraniana (Paris, Londres e Munique), onde as irmãs eram ativas.

---

[1] Cf. Michele Wawryk. Ancelle della B. V. Maria Immacolata. *Diz. ist. perf.*, v. I, coll. 550-551.

Madre Chimy encontrava-se em Roma no dia 11 de outubro de 1962, no momento da abertura do Concílio. Como a casa-mãe da congregação estava em Roma, as religiosas tinham a vantagem de não só poderem estar presentes em São Pedro, no ato solene da abertura, mas também de seguirem de perto os acontecimentos do Concílio. Desse modo, os padres conciliares conheceram a congregação, que muitos desconheciam. Alguns deles, como Isidore Borecky, Gabriel Bukatko e Jaroslaw Gabro, hospedaram-se ali: desse modo, partilhando com as irmãs bizantinas tudo o que acontecia na aula conciliar e fora dela, verificava-se uma relação de mútuo intercâmbio. Os padres aprendiam o funcionamento da congregação, ao mesmo tempo que faziam com que as religiosas pudessem compreender melhor o espírito e as orientações do Concílio.

Foi o Padre Paolo Myskiv da OSBM[2] quem primeiro contatou o Cardeal Testa, secretário da Sagrada Congregação para os Ritos Orientais, de modo que tornaram presentes no Concílio as duas organizações ucranianas no mundo; no dia 25 de novembro de 1964, o próprio Cardeal Testa, depois das garantias do Cardeal Angelo Dell'Acqua,[3] visitou a casa generalícia das Escravas em Roma, comunicando a nomeação da Madre Jerome como auditora. Isso era importante não só para a Madre Chimy, mas também para a comunidade inteira: efetivamente, tratava-se de um

---

[2] A sigla OSBM significa Ordem de São Basílio Magno; também conhecida, em latim, por *Ordo Basilianus Sancti Iosaphat*, Ordem Basiliana de São Josafat, um instituto religioso masculino de direito pontifício do rito bizantino-ucraniano.

[3] No dia 15 de outubro de 1964, o Cardeal Testa tinha escrito ao secretário Pericle Felici, manifestando o seu desapontamento tanto por não ter sido consultado na nomeação de religiosas de rito oriental para auditoras, como por terem convidado unicamente a Madre Feddish, suscitando um mal-estar no restrito ambiente ucraniano. Portanto, apontava a oportunidade de convidar também Chimy, pelo fato de a comunidade das Escravas ser mais numerosa e estar empenhada na primeira linha nos países comunistas.

justo reconhecimento tanto pelo trabalho heroico das irmãs, como testemunhas de Cristo nos países sob o regime comunista, como pelas suas atividades assistenciais empreendidas em vários países do continente americano (Canadá, Estados Unidos da América e Brasil) e da Europa. Em suma, testemunhava-se o respeito por uma congregação que operava em condições nada fáceis.

Em 25 de fevereiro de 1965, o Cardeal Testa telefonou à casa de Roma, para informar a Madre Jerome Chimy que tinha sido convidada para a quarta sessão do Concílio. No dia 1º de março de 1965, os delegados do cardeal, Antonio Di Biagio e Giovanni Verdelli, entregaram oficialmente o convite papal.

Entrou pela primeira vez em São Pedro, como auditora, com os padres de rito bizantino-ucraniano Borecky, Bukatko e Gabro. Teve uma impressão de notável grandeza, temporal e espiritual, ao ver a grandiosidade que lhe comunicava a basílica cheia de bispos com magníficas vestes litúrgicas – citem-se os 15 bispos de rito bizantino que, com as suas mitras reais, constituíam um grupo que não passava absolutamente nada despercebido. Madre Chimy não pôde deixar de sublinhar nas suas *Memórias* como era importante, enriquecedor e de grande significado a presença dos diversos ritos, que eram conservados como patrimônio da Igreja, e, a propósito, recorda com emoção a celebração da liturgia bizantina ucraniana oficiada, no dia 29 de outubro de 1963, pelo então metropolita Josyf Slipyj.[4]

---

[4] Irmã Jerome Maria Chimy, *Memoirs*, 15 de junho de 1999. As memórias, ainda não publicadas, compõem-se de 132 páginas, das quais as páginas 39-51 se referem ao Concílio Vaticano II. O fascículo original encontra-se no arquivo das irmãs, em Toronto (Canadá), porque Madre Jerome pertencia à província canadense. Em Roma, conserva-se uma cópia dele, no arquivo geral da Congregação (Casa Generalícia): ABVI (Archivio Ancelle Beata Vergine Immacolata), ficha 130.2A9. Agradeço de coração à casa de Roma ter-me permitido consultar estas memórias.

Jerome Chimy com o hábito, antes e depois do Concílio.

Quando a madre entrou pela primeira vez na aula conciliar, criou imediatamente uma sincera comunicação com as outras auditoras, percebendo as diferentes posições no interior do grupo: algumas (sobretudo as americanas e as alemãs) eram mais progressistas, outras opunham certa resistência à mudança. Cada uma ressentia-se dos contextos culturais em que estava trabalhando. Quem vinha dos países ocidentais mostrava maior exigência de liberdade, de respeito e de autonomia em relação à congregação dos religiosos (homens), relativamente às necessidades de *aggiornamento* requeridas pela sociedade em transformação. Ao contrário, as religiosas que provinham dos países do Leste não se sentiam prontas para mudanças velozes e radicais, das quais tinham algum medo. Chimy era favorável à mudança, sobretudo por aquilo que podia trazer de uma nova dignidade à mulher, mas também estava consciente de que seria preciso serem cautelosas, para não perderem o contato com as outras religiosas, que ainda não estavam prontas ou estavam demasiado ligadas a condições pouco favoráveis às novidades; pensava, por exemplo, nas questões ligadas ao hábito (precisamente proibido em alguns países de regime comunista) ou nas liturgias ligadas a ritos específicos (latino, bizantino, copta etc.), que não podiam ser uniformizados, porque exprimiam tradições seculares e enraizadas nas culturas que os tinham visto nascer.

Finalmente, a madre recorda os motivos de ansiedade e de preocupação que circulavam entre as religiosas, dado que nas discussões conciliares enfatizava-se o chamamento igual à perfeição para todos e cada um dos crentes. Isto punha em discussão a própria identidade das irmãs: Por que razão entrar na vida religiosa, se todos são chamados à santidade e ao serviço apostólico, sem diferença de grau?

O Vaticano II foi para ela uma experiência espiritual e humana irrepetível: um crescendo de encontros e intercâmbios, tudo isto numa atmosfera de colaboração entre leigos e religiosas de várias congregações e de ritos diferentes. Extraordinários encontros ecumênicos que superavam as incompreensões históricas do passado.

Sentia uma grande atmosfera de abertura: sentia que havia liberdade de expressão para todos, sem medo de serem banalizados ou de passarem sem ser ouvidos. Considerava que havia um grande desafio dirigido ao mundo religioso que era preciso enfrentar com coragem e determinação: as religiosas deviam ser fiéis aos pais fundadores e responder aos tempos que mudavam. A nova visão que emergia do Concílio era o novo modo de ser da religiosa na Igreja, de ser parte ativa da Igreja missionária: apostolado, diálogo, reconciliação entre os povos, mas respeitando as diferenças. A religiosa descobria que era mulher, compreendendo que a vida apostólica não lhe exigia que abandonasse o mundo, mas, ao contrário, que estivesse a seu serviço e da Igreja, consoante as necessidades apostólicas.

Mas o Concílio tinha lançado outro grande desafio. Jerome Chimy não deixou que a emoção e o entusiasmo irreprimíveis a cegassem. Sabia que as mulheres ainda eram relegadas a um papel de escuta silenciosa, mas sentia que, precisamente, a posição do Concílio poderia ser a circunstância precisa para modificar este estado de coisas. Por isso, na sua opinião, deveria entender-se que o convite feito a algumas mulheres era o primeiro passo corajoso da Igreja, abrindo-lhe um espaço de participação que ia para além do seu papel tradicional: "Queríamos ser ouvidas, porque tínhamos alguma coisa a dizer".[5]

As mulheres presentes no Concílio queriam que se lhes reconhecessem iguais direitos de participação e de decisão, isto é, que faziam parte da Igreja de pleno direito. Nesse sentido, a madre recorda a complexa elaboração do esquema sobre o apostolado dos leigos, que, por exemplo, continha dois artigos, respectivamente sobre os homens (*De viris*) e sobre as mulheres (*De mulieribus*), que foram eliminados quando o esquema foi revisto.

Os pontos que a Madre Chimy considerava fulcrais para a questão feminina referiam-se ao reconhecimento da plena participação masculina e feminina na sociedade e à necessidade de realçar alguns aspectos mais diretamente concernentes às mulheres, que não lhes fossem exclusivos, mas eram próprios de todo o gênero humano.

---

[5] Carmel Elizabeth McEnroy. *Guests in Their Own House. The Women of Vatican II*, Nova York, Crossroad, 1996, p. 181.

Recordou a posição mais aberta dos Bispos Frotz e Coderre, embora também compreendesse a dificuldade de outros em mudar atitudes enraizadas ao longo de séculos.

No dia 5 de dezembro de 1965, Costantina Baldinucci, em nome das auditoras, enviou uma carta a Paulo VI, agradecendo-lhe o privilégio concedido às auditoras conciliares. Dois dias depois, num encontro com elas, o Papa sublinhou a sua satisfação e gratidão pela colaboração e pelo contributo dado por elas ao Concílio. Encorajou-as a continuarem o trabalho com convicção e ofereceu a cada uma um exemplar do Novo Testamento, pedindo-lhes que o levassem a todo o mundo, juntamente com as indicações do Concílio.

Depois do Concílio, Madre Chimy empenhou-se em transmitir as diretrizes conciliares através de encontros, conferências e estudos para preparar as irmãs para a mudança, embora de maneira gradual.

As protagonistas leigas

Pilar Bellosillo

Pilar Bellosillo fez estudos de assistente social na escola de formação familiar e social, depois de ter trabalhado, antes da guerra, como voluntária em obras dirigidas pela Ação Católica.[1] Presidente nacional das jovens da Ação Católica (1940) e, depois, do seu ramo feminino (1952), começou a fazer parte da União Mundial das Organizações Femininas Católicas (UMOFC),[2] de que foi presidente durante 13 anos, de 1961 a 1974.

Pilar esteve sempre atenta às questões inerentes à educação (em linha com a pedagogia de Paulo Freire) e às problemáticas ligadas à promoção da mulher inserida no mundo. De fato, tornou-se promotora de uma série de iniciativas culturais na Europa e nos Estados Unidos, que a tornaram conhecida não só pelo seu empenho apaixonado, mas também pela grande capacidade de estabelecer relações internacionais.

Quando o Concílio foi anunciado, em janeiro de 1959, compreendeu imediatamente o extraordinário momento

---
[1] Cf. Mary Salas Larrazábal, Teresa Rodríguez de Lecea. *Pilar Bellosillo: Nueva imagen de mujer en la Iglesia*, Madrid, Federación de Movimientos de la Acción Católica Española, 2004.
[2] A UMOFC (em inglês, WUCWO) foi criada em 1910. Na época do Concílio, estavam filiadas nela 110 organizações dos 5 continentes e coordenava a atividade de 56 milhões de mulheres. Estava integrada na OIC (Organizações Internacionais Católicas) e tinha um papel consultivo na UNESCO, UNICEF, ECOSOB, OIF, OEA, FAO e no Conselho da Europa.

histórico que iria viver e trabalhou nos temas do apostolado laical, da família e das mulheres, preparando o que depois se considerou um "novo Pentecostes".[3] Efetivamente, ela acreditava que o Concílio podia considerar-se um acontecimento pentecostal, pelo seu prometido espírito de unidade e de diálogo ecumênico.

Depois de ter recebido, em 21 de setembro de 1964, a nomeação de auditora no Concílio, ela participou nele, cheia de paixão e de esperanças, empenhada em 5 subcomissões para a *Gaudium et spes*, sobre os temas da dignidade humana e do matrimônio, da família e da salvaguarda da paz, da construção da comunidade das nações e, finalmente, da cultura em relação às mulheres.[4] Algumas das suas intervenções referem-se também à liberdade religiosa, à autonomia da esfera temporal e à liberdade na Igreja.[5]

Trabalhou sobretudo na Comissão Conciliar para o Apostolado dos Leigos, no Esquema XIII. Durante as reuniões, prepararam-se algumas intervenções a apresentar na aula conciliar, e os auditores, que manifestaram a vontade de exprimir-se, designaram Pilar Bellosillo como porta-voz do seu pensamento; mas a proposta não foi aceita e foi Patrick Keegan quem falou em nome do grupo. Apesar desta recusa, a espanhola estava convencida de que muitos padres conciliares apreciavam muito as propostas e os conselhos das mulheres, respeitando-as e ouvindo-as.

---

[3] Pilar Bellosillo. Un segundo Pentecostés. In: *El Concilio del Siglo XXI*, dir. de Joaquín Ruiz-Giménez e Pilar Bellosillo, Madrid, ppc, 1987, pp. 49-61. Outras intervenções sobre o Concílio em: Larrazábal, de Lecea. *Pilar Bellosillo*, cit., pp. 226-262.

[4] Para o seu contributo nas sessões I e II, cf. Carmel Elizabeth McEnroy, *Guests in Their Own House. The Women of Vatican II*, Nova York, Crossroad, 1996, pp. 139-141.

[5] Ibid., pp. 235-236.

Pilar Bellosillo com o Cardeal Leo Suenens.

Paralelamente ao trabalho conjunto com todos os auditores, Pilar fez parte de uma subcomissão restrita de auditoras. Foi encarregada de estudar as questões relativas à promoção feminina, com o objetivo de valorizar diferentemente o papel da mulher na sociedade e na Igreja.[6] Em 14 de janeiro de 1965, enviou, de Paris, um relatório que realçava a necessidade vital da promoção da mulher na sociedade, identificando os âmbitos de aplicação (jurídico, econômico, educativo e social) e da inserção da mulher na vida eclesial, de que fazia plenamente parte.[7]

---

[6] ASV. *Conc. Ecum. Vat. II*, 671, f. 8.
[7] Ibid., f. 7.

Foi o trabalho de grupo entre leigos e religiosos que a impressionou mais, sem esquecer o entendimento fraterno que se tinha instaurado entre as participantes com quem tinha criado laços de colaboração e de amizade. Recorda, de modo particular, o trabalho comum das mulheres em defesa da sua dignidade, em pé de igualdade com a do homem:

> A nossa preocupação principal de mulheres foi, precisamente, a da "não discriminação". De fato, considero que este critério geral é preferível ao de seguir a tentação perigosa em que caíram alguns dos primeiros textos, isto é, dedicar parágrafos especiais às mulheres.[8]

Pode-se compreender ainda melhor o pensamento de Pilar, se considerarmos o seu distanciamento relativamente à formulação que emergiu numa das subcomissões do Esquema XIII, já que vinha à luz uma identificação tácita do masculino com a pessoa humana, enquanto a mulher era comparada, com imagens poéticas, às flores ou aos raios do sol. Juntamente com Rosemary, comunicou a sua estranheza perante esta visão do feminino que não tinha em conta a realidade das mulheres do séc. XX.

Não menos importantes foram para ela as relações interconfessionais e a atmosfera ecumênica que se respirava. Foi enviada, juntamente com outras auditoras, entre as quais a Madre Guillemin, à casa que Roger Schultz, fundador da comunidade ecumênica de Taizé, tinha aberto em Roma, para permitir encontros e intercâmbios entre as pessoas de diferentes Igrejas e religiões. Pilar conseguiu instaurar relações significativas com outras mulheres pertencentes a outras Igrejas cristãs. Com efeito, para a última

---

[8] Le donne in Concilio. A colloquio con le uditrici. In: *Cronache e Opinioni*, 12 (1965), p. 71.

sessão do Concílio, foram convidadas Madeleine Barot, da Igreja Reformada francesa e membro do Conselho Ecumênico das Igrejas,[9] e Inga-Brita Castrén,[10] da Igreja Luterana finlandesa. Houve um primeiro encontro oficial com elas, de 22 a 24 de outubro de 1965, na localidade de Vicarello (Bracciano-Roma), juntamente com um grupo restrito de auditoras, entre as quais a própria Pilar Bellosillo, que comentou a preparação teológica e bíblica das mulheres protestantes. Nesta ocasião, diversas organizações femininas elaboraram uma lista de questões para serem estudadas conjuntamente, relativas ao contributo que a mulher podia dar não só às Igrejas (pelo estudo da teologia, o empenho ministerial etc.), mas também à sociedade (na família, no trabalho e na política).[11] O primeiro fruto daquele encontro apareceu em 1967, quando, de 19 a 24 de junho, houve uma primeira Conferência Internacional Ecumênica Feminina, realizada em Taizé, sobre o tema: "A mulher cristã, coartífice de uma sociedade em evolução".

    No final do Concílio, o grupo de auditores e auditoras escreveu ao Papa para pedir-lhe autorização para poderem exprimir na aula conciliar a gratidão pelo privilégio da sua participação. Foi novamente Pilar Bellosillo a escolhida como porta-voz e, de novo, o pedido não foi aceito.[12] O

---

[9] Madeleine Barot (1909-1995) desempenhou um papel importante no protestantismo francês pelo seu empenho ecumênico e pela defesa dos direitos humanos.

[10] A finlandesa Inga-Brita Castrén (1919-2003) foi uma figura proeminente do Movimento Ecumênico Internacional. Licenciada em Filosofia, doutorou-se também em Teologia na Universidade de Helsínquia.

[11] ASV. *Conc. Ecum. Vat. II*, 671, f. 12. O observador católico era o teólogo moralista Bernhard Häring.

[12] A carta tem a data de 10 de novembro de 1965: uma cópia datilografada, em francês, encontra-se no Arquivo do Conselho Pontifício para os Leigos. Depois de ter exprimido o seu reconhecimento por terem participado no

secretário do Concílio, Pericle Felice, não o permitiu em nome da proibição paulina: "As mulheres estejam caladas nas assembleias" (1 Coríntios 14,34).[13]

Esta evidente dificuldade de a Igreja aceitar que as mulheres têm direitos iguais emerge com maior evidência nos anos posteriores ao Concílio Vaticano II, e Pilar Bellosillo conseguiu manifestar a sua desilusão, ao ver a involução do Concílio e o medo que a instituição tinha de precisar enfrentar as novas situações e as exigências imperiosas de mudança.

A permanência das ambiguidades da Igreja emerge no Sínodo de 1971, em que ela própria tomou parte, que tinha como temas o sacerdócio ministerial e a justiça, para o qual tinham sido convidadas duas leigas: Pilar e a economista inglesa Barbara Ward. Daquele encontro saiu a proposta de uma comissão mista de homens e mulheres que deveria enfrentar o tema da responsabilidade e da participação da mulher na vida comunitária. A proposta foi concretizada em 1973, com o nascimento da referida comissão, de que ela fez parte juntamente com 14 mulheres e 10 homens.[14] Esta comissão trabalhou durante três

---

Concílio e por terem desempenhado uma função ativa de consultores, os auditores dirigem-se ao Papa: "Por fim, o nosso grupo é unânime em desejar que, desta vez, a nossa porta-voz possa ser uma auditora. Com efeito, temos consciência do alcance realmente histórico do gesto que foi convidar mulheres, religiosas e leigas, a fazer parte do nosso grupo. Portanto, gostaríamos de confiar a uma mulher a expressão do nosso empenho comum de servir da melhor maneira a Igreja e a missão que a Igreja deve realizar no mundo de hoje e de amanhã". O documento é assinado por Veronese e Habicht, em nome dos auditores, e por Ehrle, Goldie, de Valon e Tobin, em nome das auditoras.

[13] Rosemary Goldie. *From a Roman Window*, Melbourne, Harper Collins, 1998 (trad. it. *Da una finestra romana*, Roma, Ave, 2000, p. 73).

[14] As mulheres eram 12 leigas: Eugénie Bahintchie (Costa do Marfim), Pia Colini Lombardi (Itália), Claire Delva (Bélgica), Marie-Thérèse Graber-Duvernay

anos, com muitas dificuldades e fraturas, devidas sobretudo ao fato de alguns dirigentes da Cúria terem decidido que estaria, *a priori*, excluída qualquer possibilidade de ordenação feminina, mesmo antes de se começar a discutir. Foi precisamente por isso que nasceu um mal-estar no grupo, já que algumas, entre as quais Pilar Bellosillo, sentiram-se limitadas na sua liberdade de investigação e de expressão. Emergiram duas posições opostas: Ignace de la Potterie, que partia da reflexão teológica tradicional aplicando-a à mulher (método dedutivo), e Pilar que, ao contrário, partia da vida e do contributo das ciências humanas para, depois, elaborar uma posição teológica (pedagogia intuitiva). Cinco mulheres, membros do comitê, decidiram estudar à parte (Pilar Bellosillo, Claire Delva, Marina Lessa, Maria Victoria Pinheiro e Maria Vendrik) e, no dia 8 de setembro de 1974, escreveram ao Papa expondo-lhe as suas dificuldades (falta de contraditório, caráter unilateral dos textos apresentados) e os motivos que as levavam a demitir-se.[15] Essa posição foi julgada inconveniente e o próprio Papa pediu que as cinco mulheres revogassem a sua decisão. Aceitaram e estiveram presentes na sessão seguinte, esperando uma mudança do clima geral. Mas a discussão avançava com tanta dificuldade que, no momento da redação das conclusões, induziu as mulheres a escreverem uma nota

---

(França), Marina Lessa (Brasil), Mary Pyne (Grã-Bretanha), Dulcinea Rodrigues (Índia), Maria Victoria Pinheiro (Portugal), Maria Vendrik (Holanda), Rosemary Goldie (Austrália), Deborah Schellman (EUA) e Pilar Bellosillo (Espanha); e duas religiosas: Claire Herrmann (França) e Teresa Avila MacLeod (Escócia). Também estava presente Emma Seger (Alemanha), membro de um instituto secular. Entre os homens contavam-se três leigos: Guzmán Carriquiry (Uruguai), Mario Petroncelli e Angelo Narducci (Itália). O presidente da comissão foi Enrico Bartoletti, arcebispo de Lucca e secretário-geral da Conferência Episcopal Italiana.

[15] Texto em espanhol em: Larrazábal-de Lecea. *Pilar Bellosillo*, cit., pp. 146-149.

de minoria que, porém, foi rejeitada e não entrou na redação informativa, como elas, ao contrário, tinham pedido e desejado. Isso só foi tornado público em 1987,[16] quando, por ocasião do Sínodo sobre a "Vocação e missão dos leigos na Igreja e no mundo", algumas delas consideraram que já não deviam permanecer em silêncio e que seria útil dar a conhecer os bastidores daquela comissão.

Para uma ulterior confirmação da mudança dos tempos e tendo em vista a declaração *Inter insigniores* de 1976, a UMOFC pediu, sem êxito, que a Congregação para a Doutrina da Fé a consultasse. Este não envolvimento daquela organização mundial foi uma fonte de amargura para Pilar Bellosillo, embora nunca deixasse de permanecer ativa e empenhada tanto no campo social quanto eclesial.

---

[16] A nota foi publicada em 1987 no *Bollettino* n. 108, do Centro Pro Mundi Vita. Sobre o assunto, cf. Dirkje Donders. *The Tenacious Voice of Women. Rie Vendrik and the Pontifical Commission On Women in Society and in the Church*, Utreque, 2002; cf. McEnroy. *Guest in Their Own House*, cit., pp. 260ss. Outra interpretação dos fatos foi dada por Rosemary Goldie, que considera útil o trabalho realizado pela comissão, apesar das dificuldades: Goldie. *Da una finestra romana*, cit., pp. 177-185.

Rosemary Goldie

Rosemary Goldie nasceu na Austrália, de mãe neozelandesa e pai de origem judaica. A sua família transferiu-se para Paris, onde ela fez os seus estudos primários e secundários. Durante a guerra, regressou à Austrália, licenciou-se na Universidade de Sidney, trabalhando no Graal, um movimento internacional de apostolado feminino.

Terminada a guerra, em maio de 1945, voltou a Paris, onde, na Sorbone, frequentou um doutoramento em Literatura Francesa e começou a fazer parte da Federação Universitária Católica Francesa. Depois de se ter mudado para Friburgo, na Suíça, trabalhou durante seis anos com a organização Pax Romana, que, precisamente em 1945, fora refundada em dois ramos: o Movimento Internacional dos Estudantes Católicos (MIEC) e o Movimento Internacional dos Intelectuais Católicos (MIIC). Em 1951, participou no primeiro Congresso Mundial para o Apostolado dos Leigos[1] e, em outubro de 1952, foi chamada a Roma ao Comitê Permanente dos Congressos Internacionais para o Apostolado dos Leigos (Copecial).[2] Em 1959, tornou-se secretária executiva do Comitê.

---

[1] O iniciador do primeiro congresso foi Vittorino Veronese, presidente da Ação Católica desde 1946, sensível à presença das mulheres na atividade de apostolado. Entre as mulheres que favoreceu, recordemos Maria Vittoria Donadeo, Maria Carosi, Sara Alonso.

[2] O Copecial foi instituído por Pio XII, em 1952, para proporcionar um fruto permanente no I Congresso Mundial do Laicato, que se realizara no ano

Foi sobretudo em ordem ao segundo congresso mundial, que se realizou em Roma, em 1957, que Goldie entrou em contato com figuras de primeiro plano daqueles anos: Vittorino Veronese (futuro diretor-geral da Unesco), Joseph Cardijn (sacerdote belga, fundador da Ação Católica e futuro cardeal) e Monsenhor Giovanni Battista Montini (pró-secretário de Estado do Vaticano e arcebispo de Milão, antes de tornar-se o Papa Paulo VI).[3]

No dia 21 de setembro de 1964, foi nomeada auditora do Concílio e tomou parte ativa nos trabalhos das comissões, desempenhando um papel de primeiro plano nas questões ligadas ao laicato.[4]

Por pouco, um querido pároco não teve um ataque do coração, ao ler que a auditora australiana Rosemary Goldie, secretária da Copecial, numa conferência feita diante de um grupo de bispos, tinha sublinhado as lacunas no esquema conciliar sobre os leigos, auspiciando que a Igreja instaurasse, com o mundo, um diálogo "não paternalista, não clerical, não juridicista".[5]

Foi assim que Albino Luciani referiu a reação de um sacerdote diante da posição corajosa assumida pela

---

precedente em Roma. Está a serviço dos movimentos de apostolado laical, organizando encontros internacionais, promovendo estudos e iniciativas que se referem aos problemas do laicato no mundo.

[3] Paulo VI sempre manifestou estima por Rosemary Goldie, que apresentava como "a nossa colaboradora"; João XXIII, pelo contrário, chamava-lhe "a pequenina", referindo-se à sua estatura física.

[4] Rosemary Goldie. *From a Roman Window*, Melbourne, Harper Collins, 1998 (trad. it. *Da una finestra romana*, Roma, Ave, 2000).

[5] Albino Luciani (outubro de 1964) num semanário de Vittorio Veneto, transcrito em: [Maria Clara Bianchi]. *Il postconcilio e la suora. Documentazione relativa all'attività di madre Costantina Baldinucci come "uditrice" al Concilio Ecumenico Vaticano II nella III e IV sessione*, Viboldone, Tip. S. Benedetto, 1967, pp. 86-89, cit. na p. 88.

australiana, como testemunho do caráter decidido da mulher, absolutamente nada passiva e silenciosa, como teriam querido muitos expoentes do clero.

Encontramos Rosemary Goldie especialmente presente e participante, de maneira extraordinária, com amplos relatórios e propostas concretas, capazes de dar importância às discussões. Ao folhear os documentos internos que se conservam no arquivo do Conselho Pontifício para os Leigos e a documentação existente no Arquivo Secreto do Vaticano, deduz-se a preparação e a ousadia especial dessa jovem australiana.[6] Conhecemos os pontos que apresentou, no encontro de 28 de setembro de 1964, ao grupo de trabalho sobre o esquema do apostolado dos leigos, relativos à necessidade de articular os vários elementos do esquema, diferenciando-os para a família, para as associações e para a comunidade, à necessidade de procurar desenvolver uma espiritualidade adaptada às condições de vida e às necessidades dos leigos, e à oportunidade de favorecer o apostolado num plano internacional.[7] Muito interessante e significativa é a resposta que a australiana deu ao teólogo Yves Congar, quando o dominicano quis inserir no documento uma elegante expressão comparando as mulheres à delicadeza das flores e aos raios do sol: "Padre", disse ela, "deixe de fora as flores. O que as mulheres querem da Igreja é que sejam reconhecidas como pessoas

---

[6] Arquivo das auditoras, no Conselho Pontifício para os Leigos. Só em parte me foi possível consultar o arquivo, dado que a documentação estava fora do lugar e dificilmente se podia encontrar. Para o ASV, *Conc. Ecum. Vat. II*, 671, ff . 8 e 9. Sobre Rosemary Goldie, cf. Giuliana Bragantini. *Le donne nel Concilio Vaticano II*, Roma, Pont. Univ. Lateranensis, 1984.

[7] Rosemary Goldie. Una donna al Concilio. Ricordi di una "uditrice". *Rivista di Scienze religiose del Pont. Sem. di Molfetta*, 2 (1988), pp. 375-390.

plenamente humanas".[8] Também sabemos da sua ativa participação no encontro de Ariccia, região de Roma, em fevereiro de 1965.

Três auditoras entre os peritos da redação do Esquema XIII
(*Gaudium et spes*, n. 8-13 fevereiro de 1965):
Mary Luke Tobin, Rosemary Goldie e Pilar Bellosillo,
e um auditor, Joaquín Ruiz-Giménez Cortés.
O segundo da esquerda é Bernhard Häring.

Durante o trabalho em torno ao Esquema XIII, o arcebispo de Albi, na França, perguntou a Rosemary Goldie: "O Concílio deveria falar das mulheres?". Consciente da delicadeza da pergunta, respondeu afirmativamente, desde que as mulheres não fossem tratadas e consideradas como um problema à parte, como se estivessem à margem da sociedade e do mundo, ou que os problemas que elas punham fossem circunscritos à sua experiência.

---
[8] Margaret Murphy. Creativity and Hope. Sister Mary Luke Tobin at Vatican II. *America*, outubro (1965), p. 11. Cf. também Mary Luke Tobin. *Hope Is an Open Door*, Nashville, Abingdon, 1981, pp. 24-25.

Rosemary considerou que seria sobretudo a Constituição pastoral *Gaudium et spes* que haveria de favorecer a promoção da mulher, tanto pela insistência na não discriminação entre os dois sexos, presente em todos os capítulos do esquema, como pela afirmação dos direitos da mulher na escolha do estado de vida e na colaboração, a par do homem, na vida social e cultural.[9] Ela própria empenhou-se, apaixonadamente e com determinação, a favor do reconhecimento de um laicato adulto e responsável, no interior do qual as mulheres pudessem desempenhar tarefas e funções iguais.[10]

Também fez com que se inserisse, no final da *Apostolicam actuositatem*, uma importante declaração geral: "Assim como nos nossos dias as mulheres tomam parte cada vez mais ativa em toda a vida social, assim também é de grande importância a sua maior participação também nos diversos campos do apostolado da Igreja" (§ 9).

Em 1966, foi nomeada secretária-geral do Conselho para os Leigos, cargo que desempenhou até ao fim de 1977, quando o organismo foi reestruturado e tornado permanente, como Conselho Pontifício para os Leigos, para o qual trabalhou durante mais de 20 anos. Regressada à Austrália, no início de 2002, escolheu como residência a casa das Irmãzinhas dos Pobres em Randwick, onde faleceu no dia 27 de fevereiro de 2010, com 97 anos.

---

[9] Le donne in Concilio. A colloquio con le uditrici. *Cronache e Opinioni*, 12 (1965), p. 6.
[10] Rosemary Goldie. La partecipazione dei laici nel lavoro del Vaticano II. *Presenza Pastorale*, 11/12 (1985), pp. 128-147.

Marie-Louise Monnet

Marie-Louise Monnet, que nasceu em Cognac, sudoeste da França, era irmã de Jean Monnet, um dos fundadores da unidade europeia, tendo trabalhado frequentemente com ele, apoiando-o na construção de uma política europeia sensível aos valores da democracia.

Atenta às questões internacionais, compreendia que a Igreja devia abrir-se ao mundo e que era necessário suscitar católicos praticantes empenhados no apostolado em cada uma das classes sociais, mas sem as separar.[1] Consciente do papel dos leigos na evangelização da sociedade e, sobretudo, do papel que podia desenvolver o mundo comercial e industrial, fundou, em 1935, a Jeunesse Indépendante Chrétienne Féminine (JICF), em 1941, a Action Catholique des Milieux Indépendants (ACI) e, em 1964, o Mouvement International d'Apostolat des Milieux Sociaux Indépendants (MIAMSI),[2] dirigido a homens e

---

[1] Marie-Louise Monnet. *Avec amour et passion*, Chambray-lès-Tours, CLD, 1968.

[2] O estatuto deste movimento foi aprovado pela Santa Sé, em maio de 1964. Tem por fins: desenvolver a ação apostólica para a evangelização dos ambientes sociais independentes nas várias nações, favorecer os intercâmbios e os contatos entre os movimentos e suscitar outros semelhantes, harmonizar no plano internacional os esforços nacionais. O secretariado central é em Paris. O MIAMSI, que se reconhece na tradição da Ação Católica, agrupa movimentos constituídos por pessoas com responsabilidade profissionais, econômicas, sociais, políticas e culturais, que trabalham para transformar as mentalidades e as estruturas da sociedade segundo os valores do Evangelho e para tornar presente a Igreja na comunidade das nações. No empenhamento dos seus membros, são prioritários o anúncio de Jesus Cristo, a promoção

mulheres pertencentes às classes médias, à burguesia e à aristocracia que, por sua preparação e suas capacidades profissionais, podiam ter uma influência determinante na vida nacional e internacional. Considerava que era necessário dirigir-se também a quem na sociedade tivesse uma certa forma de poder – daqui o termo "independente", isto é trabalhador autônomo –, valorizando a sua cultura, a sua mentalidade, os seus valores.[3]

O seu intenso trabalho internacional a colocou em contato com João XXIII, que encontrava frequentemente quando este era núncio apostólico em Paris. Quando o Concílio foi anunciado, Marie-Louise Monnet decidiu que o movimento devia estar presente em Roma durante as sessões. Para tal, houve contatos informais, encontros conviviais e reuniões de trabalho entre leigos, bispos e cardeais de todos os países, tornando-se ocasião extraordinária de intercâmbios e de conhecimentos.

No domingo 20 de setembro de 1964, Paulo VI anunciou a sua nomeação para auditora na terceira sessão do Concílio Vaticano II. Primeira mulher auditora leiga, aos 62 anos, Monnet entrou "simbolicamente" na aula conciliar no dia 25 de setembro de 1964.[4] Aos jornalistas que lhe perguntavam sobre os seus estudos, respondeu que não tinha diplomas, tendo feito o que era comum a uma moça da sua época: "Sou uma mulher comum", gostava

---

    e a tutela da dignidade e dos direitos do homem, bem como a promoção da paz, da solidariedade e da justiça. A pedagogia do movimento, alimentada pela meditação da Escritura, para assegurar o vínculo entre a fé e a vida, concretiza-se no método "ver, julgar e agir", próprio da "revisão de vida", aplicado a temas anuais de reflexão e de ação nos vários países.

3   Micheline Poujoulat. *Jean Monnet et sa soeur Marie-Louise*, comunicação feita na Academia de Nîmes, França, em dezembro de 2007; Id., *Prier 15 jour avec Marie-Louise Monnet fondatrice de l'acI*, Breyères-Châtel, Nouvelle Cité, 2011.

4   Por motivos de saúde, pois foi submetida a uma cirurgia e não pode participar da quarta sessão: ASV. *Conc. Ecum. Vat. II*, 670, f. 20.

de dizer, e esta "normalidade" suscitou estima e interesse das outras mulheres que se reviam nela. Participou em duas comissões: a que tratava do apostolado dos leigos e a concernente à vida internacional[5]. Numa sua intervenção, Marie-Louise sublinhou a necessidade do diálogo entre o clero e o laicato, e a valorização da espiritualidade laical ligada à vida.[6] Além de uma formação mais sólida do laicato, pediu mais flexibilidade da parte da hierarquia e uma plena colaboração com a realidade laical já não mais isolada, mas sim plenamente inserida na Igreja.

Ela considerava que os sinais dos tempos eram três: a promoção das classes trabalhadoras, o lugar da mulher no mundo e a independência dos povos. Esta plataforma foi enviada para o esquema preparatório sobre a Igreja no mundo.

Recebeu de Paulo VI uma cópia do documento *Apostolicam actuositatem*, juntamente com as outras duas auditoras, Pilar Bellosillo e Catherine McCarthy, e com os auditores Mieczysław de Habicht, Eusèbe Adjakpley e John Chen.

No dia 8 de dezembro de 1965, dia do encerramento do Concílio, foi escolhida para fazer parte da delegação de três leigas – juntamente com Laura Segni, esposa do então presidente da República Italiana, e a auditora mexicana Luz María Álvarez – para receber, em nome das mulheres, a mensagem que Paulo VI lhes dirigia.[7]

Em janeiro de 1966, deixou a presidência da ACI, mudou-se para Roma e trabalhou para consolidar o Movimento Internacional. Em 1986, aos 84 anos, foi viver em Tours, numa casa das Irmãzinhas dos Pobres.

---

[5] Várias das suas intervenções conservam-se em: ASV. *Conc. Ecum. Vat. II*, 671, ff. 2, 5, 11.

[6] Carmel Elizabeth McEnroy. *Guests in Their Own House. The Women of Vatican II*, Nova York, Crossroad, 1996, pp. 129-130.

[7] Ibid., p, 227.

Anne-Marie Roeloffzen e Marie (Rie) Vendik

A holandesa Anne-Marie Roeloffzen nasceu no dia 20 de janeiro de 1932, em Hengelo. Tinha 32 anos e era a mais jovem auditora do Concílio. Estudou Direito na Universidade de Nimega e, tendo como objetivo melhorar a condição feminina, tornou-se secretária da Federação Mundial da Juventude Católica Feminina (World Federation of Catholic Young Women and Girls),[1] para a qual trabalhava desde 1959.

Convidada para o Concílio como auditora, em 21 de setembro de 1964, para seguir os trabalhos da Comissão "A Igreja e o mundo moderno", estava em estreito contato com Marie (Rie) Vendrik, presidente da Federação de 1956 a 1964, que ficou regularmente em Roma durante o Concílio, como membro do *staff* do Centro de Documentação para o Concílio.

Anne-Marie Roeloffzen manifestou a sua surpresa ao ver que as mulheres não podiam tomar a palavra na assembleia conciliar e que a igualdade e a dignidade da mulher, proclamadas na teoria, não se traduziam na prática da vida cristã. Notava o enorme peso que uma minoria

---

[1] A WFCYWG nasceu em 1947. Na época do Concílio, contava cerca de 10 milhões de inscritos, repartidos por 80 organizações nacionais e internacionais. É consultora da Unesco e da Unicef. Sua secretaria fica em Utreque.

conservadora tinha no Concílio em relação ao trabalho intenso e empenhado da maioria.² Contudo, encontramo-la presente e ativa nos grupos de trabalho, especialmente nos que debatiam o Esquema XIII sobre o apostolado dos leigos, ou ainda no da liberdade religiosa.

Na reunião do grupo de trabalho das auditoras, em outubro de 1964, para determinar as questões relativas à colaboração entre religiosas e leigas, foi-lhe confiada a tarefa de apresentar um estudo sobre as jovens mulheres, a ser apresentado às outras, em ordem a uma mais ampla discussão.³

Ao contrário de Anne-Marie Roeloffzen, Marie Vendrik foi convidada pelo núncio holandês para a terceira sessão do Concílio como perita nos problemas referentes ao laicato, mas as auditoras consideravam-na uma delas. Nasceu no dia 4 de janeiro de 1908 em Maarsen, na Holanda, estudou francês e inglês em Utreque. Em 1945, foi cofundadora da Organização das Jovens Católicas (Catholic Young Women's Movement), federação de movimentos católicos de jovens mulheres, tendo sido presidente nacional dessa federação durante 10 anos. Em 1948, fez parte do quadro da Federação Mundial da Juventude Católica Feminina, assumindo o cargo de presidente de 1958 a 1964, quando lhe sucedeu a argentina Margarita Moyano. De 1959 a 1961, foi presidente da International Catholic Organization (ICO) e, em 1960, esteve à frente do grupo de trabalho internacional da ICO, chamado a preparar textos de reflexão tendo em vista o Concílio. Ela própria, em 3 de janeiro de 1964, em

---

[2] Carmel Elizabeth McEnroy. *Guests in Their Own House. The Women of Vatican II*, Nova York, Crossroad, 1996, p. 157.

[3] ASV. *Conc. Ecum. Vat. II*, 671, f. 8.

nome da federação, tinha pedido diretamente ao Papa que algumas leigas fossem admitidas a participar como auditoras, para intensificar os vínculos entre a hierarquia e o laicato e para estimular o interesse dos leigos pelos trabalhos do Concílio.[4] Em estreito contato com Roeloffzen e com as outras, trabalhou em diversas comissões, não deixando de apresentar a visão de uma nova Igreja, na qual homens e mulheres haveriam de cooperar juntos, com cargos e encargos iguais, para o crescimento da comunidade humana e eclesial. Seguiu especialmente os trabalhos da Comissão "A Igreja e o mundo moderno".

Encontramos frequentemente o seu nome entre as peritas a consultar, sobretudo relativamente aos problemas inerentes à cooperação entre o homem e a mulher na sociedade; esteve particularmente presente e ativa nas jornadas de Ariccia, para os trabalhos do Esquema XIII, juntamente com Marie du Rostu,[5] vice-presidente da União Mundial das Organizações Católicas Femininas; foi uma das convidadas ao *meeting* de Vicarello, em agosto de 1965, juntamente com as auditoras Bellosillo, Goldie, Tobin e McCarthy.

Depois do Concílio, ambas trabalharam na Holanda, esforçando-se por obter, para as mulheres, os direitos no campo da educação e do trabalho, sem descurar a defesa de um papel mais ativo na Igreja, em linha com o princípio evangélico de igualdade. Com efeito, consideravam

---

4   ASV. *Conc. Ecum. Vat. II*, 670, f. 8. No dia 20 de janeiro, o Cardeal Angelo Dell'Acqua respondeu que, a seu tempo, se estudaria o assunto.
5   A francesa Marie du Rostu (1891-1979), secretária-geral da Ação Católica Feminina Francesa de 1933 a 1969, empenhou-se tanto na defesa dos direitos das mulheres quanto na sua educação cultural, tendo aberto bibliotecas a elas dirigidas; cf. Charles Chauvin, *Marie du Rostu, Une figure du féminisme catholique*, Paris, Éditions de L'ACGF, 2001.

inaceitável a enorme autoridade exercida pela hierarquia sobre o povo de Deus e a consequente pouca autonomia do laicato e da mulher.

Em 1973, Rie Vendrik foi chamada a fazer parte da comissão de estudo sobre as mulheres na sociedade e na Igreja, que deveria estudar as possibilidades de a mulher viver com funções iguais na Igreja. Os dois anos de trabalho foram duríssimos, por causa dos vetos do Vaticano que, com manipulações e intimidações, não permitiam nenhuma possibilidade de abertura ao sacerdócio ministerial feminino. Com mais quatro mulheres, entre as quais Pilar Bellosillo, fez uma duríssima oposição ao documento que teria de assinar, em que emergia a perspectiva, que ela considerava inaceitável, da "natureza específica" da mulher. O grupo das cinco escreveu uma *nota de minoria*, a que não deram atenção e cuja publicação foi proibida.[6]

Faleceu em Utreque, em 17 de setembro de 1982. Anne-Marie Roeloffzen vive ainda na Holanda.

---

[6] Dirkje Donders. *The Tenacious Voice of Women. Rie Vendrik and the Pontifical Commission on Women in Society and in the Church*, Utreque, 2002. Cf. também o texto sobre Pilar Bellosillo.

Amalia Dematteis

Amalia Dematteis nasceu no dia 1º de outubro de 1899, em Turim (Itália), onde fez os estudos elementares e médios. Em 1923, casou-se com o marquês Giuseppe Cordero Lanza di Montezemolo, que foi voluntário na guerra (1918) e, depois, oficial do exército em serviço permanente efetivo, em engenharia e no Estado-Maior, até ao grau de coronel. Recebeu a Medalha de Ouro de Valor Militar pelo papel que desempenhou como fundador, animador e chefe da Frente Militar Clandestina (1943-1944), tendo sido capturado pelos alemães (25 de janeiro de 1944), preso, torturado e fuzilado em 24 de março do mesmo ano nas Fossas Ardeatinas. Deixou a jovem viúva com cinco filhos: Manfredi, Andrea (depois cardeal), Lydia, Isolda e Adriana.

Então, a marquesa Amalia tornou-se presidente nacional do Padroado de Assistência Espiritual às Forças Armadas (Pasfa),[1] cargo que desempenhou até 1975, com um empenho constante de cooperação no trabalho dos capelães militares e de apoio aos soldados doentes e às suas famílias em dificuldade. Por este seu esforço e empenho, foi

---
[1] O Padroado de Assistência Espiritual às Forças Armadas (Pasfa) nasceu em Roma, em maio de 1915, como associação de voluntariado católico da Igreja, como ordinariato militar. O Pasfa foi reconhecido pela Conferência Episcopal Italiana e faz parte do Conselho Nacional das agregações laicais. Obtido o reconhecimento de pessoa jurídica, em 2005 (UPG, Câmara de Roma n. 337/2005), em 2006 a associação tornou-se uma ONG.

condecorada pela Santa Sé com a cruz *Pro Ecclesia et Pontifice*[2] e nomeada dama de honor e devoção da Ordem de Malta.

O conhecimento e a estima pessoal do Papa Montini, que, em 1944, tinha procurado em vão libertar o seu marido das mãos dos alemães, e também a vontade de fazer com que algumas viúvas de guerra participassem do Concílio, reconhecendo o sacrifício de muitas mulheres durante os conflitos bélicos, talvez tenham influenciado a escolha de Paulo VI ao chamá-la a ser auditora. Ficou muito surpresa quando, em 21 de setembro de 1864, recebeu a carta oficial, porque se sentia inadequada para o papel, já que não tinha nenhuma preparação teológica ou jurídica especial.[3] Contudo, participou com empenho nas sessões do Concílio, contribuindo para preparar alguma intervenção que o grupo dos auditores e das auditoras conseguiu apresentar nas assembleias plenárias dos bispos.

Teve pouquíssimas ocasiões de falar com os filhos sobre esta sua experiência: quatro estavam casados e um era sacerdote, e já não viviam com ela; aliás, três deles viviam fora de Itália. Não deixou nada escrito, até porque se sentia presa ao sigilo; mas manifestava sempre a sua emoção sincera pelo que considerava uma honra excepcional ter participado num acontecimento tão importante para a Igreja Católica. Todavia, no fim do Concílio, deu uma entrevista em que sublinhava que, para ela, a mulher ainda tinha pouca consciência da sua vocação ao apostolado,

---

[2] A cruz *Pro Ecclesia et Pontifice* (ou "pela Igreja e pelo Papa") é uma condecoração da Santa Sé, introduzida por Leão XIII, no dia 17 de julho de 1888, e conferida a fiéis, tanto leigos (homens e mulheres) como eclesiásticos, que se distinguiram pelo seu serviço à Igreja.

[3] Cf. Carmel Elizabeth McEnroy. *Guests in Their Own House. The Women of Vatican II*, Nova York, Crossroad, 1996, p. 67.

exceto em alguns setores da Ação Católica, e que, portanto, seria necessário promover uma preparação cultural mais extensa entre as várias categorias sociais, através de debates, conferências e exercícios espirituais.[4] Por fim, considerava positiva a presença das auditoras no Concílio, porque estimulava a promoção da mulher e a sua participação mais direta e responsável na Igreja.

Faleceu em Roma no dia 31 de julho de 1983, deixando 5 filhos e 16 netos.[5]

---

[4] Trata-se da entrevista concedida à revista espanhola *Ancillae Cordis Iesu*, 105 (1965).

[5] Agradeço a seu filho, hoje Cardeal Andrea Cordero Lanza di Montezemolo, por ter-me fornecido algumas notícias sobre a mãe dele.

Ida Marenghi-Marenco

Ida Marenghi-Marenco foi chamada ao Concílio na qualidade de "perita na vida", no dia 21 de setembro de 1964. Dizia *L'Osservatore Romano*:

> Além das representantes e dos representantes escolhidos dos cinco continentes como dirigentes de organizações internacionais presentes no Concílio, foram convidadas duas viúvas de guerra, símbolo do sofrimento bélico e da aspiração à paz [...] que, com o seu luto e a sua dor, são uma eloquente condenação da guerra e, ao mesmo tempo, o símbolo das aspirações mais profundas da humanidade toda voltada para uma paz justa e cristã.[1]

Com efeito, Ida era viúva de guerra. Filha de um advogado, nasceu em Tortona, Piemonte (Itália), em 1909 e, aos 16 anos, ficou órfã de pai. Após três anos de casamento, seu marido, o capitão Attilio Grillo, partiu para a guerra da África. Feito prisioneiro, faleceu em novembro de 1945, num campo de concentração na Índia. Viúva e grávida de uma menina, a senhora Ida viveu uma vida simples, dedicando-se à criação e educação da filha Maria Attilia, e também à assistência aos soldados regressados da guerra, às crianças e às famílias, organizando colônias, refeições escolares, e ocupando-se, durante mais de 17 anos, de todo o gênero de assistência aos necessitados.[2]

---

[1] *L'Osservatore Romano*, 24 de setembro de 1964.
[2] Maria Attilia Ruffini Grillo. Il Concilio Ecumenico Vaticano II nei ricordi dell'uditrice tortonese Iduccia Grillo Marenghi Marenco. *Iulia Dertona*, 102 (2010), pp. 283-295.

Para ela, mulher tímida e reservada, foi inesperada e incompreensível a sua nomeação como auditora, em 21 de setembro de 1964. Por isso, numa entrevista que deu em 21 de novembro desse ano,[3] recordava o seu espanto quando lera a carta de nomeação, pensando que talvez se dirigisse a outra pessoa. Muito perturbada, foi a Roma com o seu diretor espiritual Aldo Del Monte[4] e, ao entrar em São Pedro, ficou perturbada e maravilhada com tanta grandeza.

No Concílio, sentiu-se acolhida. Monsenhor Luigi Ligutti, observador permanente da Santa Sé na FAO, chamava-lhe, de brincadeira, "signora Zaccheo" – "senhora Zaqueu" –, por causa sua pequena estatura[5]. Os bispos de Tortona e originários da diocese (o Cardeal Cesare Zerba e os Bispos Mario Rossi, Carlo Angeleri, Andrea Cassulo, Carlo Ferrari, Raffaele Macario e Valentino Vailati) iam regularmente cumprimentá-la.

Apesar da presença de centenas de pessoas, não notou que houvesse um sentimento de multidão na aula conciliar, pois teve a sensação de que essas pessoas se sentiam

---

[3] Entrevista de Sole Sandri em *Gazzettino Veneto*, de 22 de novembro de 1964, p. 9.

[4] Aldo Del Monte, ordenado sacerdote em 1939, participou como capelão militar na campanha da Rússia, de que regressou sozinho em consequência de ter sido gravemente ferido. No pós-guerra, foi professor de filosofia e teologia no seminário da diocese de Tortona e delegado episcopal para as atividades da Ação Católica. Durante o Concílio Vaticano II, participou em todas as sessões, na qualidade de perito e como representante do seu bispo, Egisto Domenico Melchiori, impossibilitado de estar presente por motivos de saúde. Em 1963, foi chamado a Roma, primeiramente como assistente eclesiástico da Unione Donne di Azione Cattolica Italiana (UDACI) [União das Mulheres de Ação Católica Italiana] e, depois, como diretor do gabinete catequístico nacional.

[5] Como o chefe dos cobradores de impostos, referido no Evangelho de Lucas (N.T.).

sozinhas na Igreja e diante de Deus. Estabeleceu imediatamente uma relação de amizade com as outras auditoras e participou na Comissão para o Apostolado dos Leigos, mas, sobretudo, ficou impressionada com o clima ecumênico e com a "vontade de compreender divisões e incompreensões para superá-las [...] porque cada religião reflete um raio daquela verdade que ilumina todos os homens".[6]

O Concílio foi para ela uma ocasião de encontrar-se com irmãos separados, de conhecer outros ritos litúrgicos, de ouvir opiniões diferenciadas, acolhendo tudo isto com simplicidade e com a consciência da necessidade de adaptação e de compreensão, devendo valorizar o que une.

Recordava comovida que, no dia 20 de novembro de 1964, Paulo VI a tinha abraçado, para levantá-la da sua posição de joelhos, murmurando-lhe: "Deus te abençoe".

Encontramos o nome de Ida Grillo em várias subcomissões, mostrando que era uma pessoa discreta, mas atuante. Interveio com algumas observações sobre as questões inerentes à mulher, durante as discussões sobre o Esquema XIII. Considerava que a mulher não somente ainda não tinha recebido pleno reconhecimento, mas que também deveria empenhar-se numa maior preparação para amadurecer uma consciência mais adulta da sua dignidade e responsabilidade; nesse sentido, considerava importante que a leiga se tornasse autônoma no trabalho e que a religiosa se abrisse mais ao mundo através de uma preparação teológica[7] mais ampla.

---

[6] Ruffini Grillo, *Il Concilio Ecumenico Vaticano II*, cit., p. 288.
[7] ASV, *Conc. Ecum. Vat. II*, 671, f. 5: carta de 10 de março de 1965.

Alda (Esmeralda) Miceli

Alda Miceli nasceu em 1908 em Longobardi, na Calábria, extremo sul de Itália, e fez os seus estudos em Roma, onde se licenciou em Letras, em 1934. Fez parte da Federação Universitária Católica Italiana (FUCI) e, em 1942, foi chamada pelo Padre Agostino Gemelli para dirigir o Colégio Marianum de Milão. Formada na escola da Ação Católica Italiana, foi eleita presidente em 1949, permanecendo no cargo até 1959. Em 1958, também se empenhou ativamente no campo missionário, desempenhando, durante muitos anos, o cargo de presidente do Instituto Secular das Missionárias da Realeza de Nosso Senhor Jesus Cristo.[1] Também dirigiu o Centro Feminino Italiano (CIF), de 1962 a 1980.[2] O seu empenho caracterizou-se pela confiança na participação responsável

---

[1] Instituto Secular das Missionárias da Realeza de Nosso Senhor Jesus Cristo, de inspiração franciscana, foi fundado por Agostino Gemelli e Arminda Barelli em 1948 (mas a iniciativa é de 1919), com o objetivo de dar vida a uma associação de mulheres que, respondendo às exigências dos tempos, se consagrassem a Deus permanecendo como leigas no mundo, no seu ambiente familiar e profissional, com uma intensa atividade de apostolado. Cf. Giuseppe Barbero. Missionarie della Regalità di Nostro Signore Gesù Cristo. *Diz. ist. perf.*, v. V, coll. 1595-1598.

[2] O CIF nasceu em 1944 como movimento federativo de 26 organismos, para reunir as mulheres militantes nas associações de inspiração cristã, com o objetivo de favorecer a participação ativa da mulher católica na democracia italiana nascente, através da sua formação moral, cívica e política. Giovanni Batista Montini tinha apoiado a sua formação, porque via no movimento uma barreira em defesa da família e da mulher cristã. Em 1969, a CIF passou do sistema federativo ao associativo.

dos católicos – e, de modo particular, das mulheres – na vida eclesial e social. Considerava indispensável o papel dos leigos na construção da comunidade civil e religiosa, fundada nos princípios da democracia e da solidariedade.[3]

Quando Alda Miceli foi nomeada auditora no Concílio, no dia 22 de setembro de 1964, encontrava-se na Terra Santa e recebeu a notícia com espanto. Considerou a experiência do Concílio

> muitíssimo enriquecedora: o contato com os bispos provenientes de todos os países do mundo, o conhecimento de mentalidades, costumes e ritos diferentes, os problemas que se discutiam, os documentos que se aprovavam, as liturgias que se alternavam.[4]

Todas as noites, a horas tardias, reunia-se com os outros auditores e auditoras no Palazzo Torlonia, na Via della Conciliazione, para refletir em conjunto sobre os temas em estudo e preparar intervenções sobre matérias da sua competência. Ela considerava que a participação nas comissões e a presença nas sessões gerais em São Pedro significavam uma nova atenção da Igreja em relação ao laicato e a seu contributo para o crescimento comunitário. De fato, recordava que, no fim das sessões, havia um intercâmbio positivo com muitos bispos, que procuravam

---

[3] Alda Miceli. *Tra storia e memoria*, Roma, CIF, 1994. Em 1952, Alda Miceli interveio pessoalmente, desapontando Pio XII – preocupado com o resultado das eleições administrativas do município de Roma –, para afastar uma aliança do governo De Gasperi com a direita do Movimento Social Italiano (MSI), que iria comprometer a democracia (ibid., pp. 135-138). A operação foi conhecida como "operazione Sturzo", mas pouco e nada se sabe destas mulheres, artífices desta iniciativa em defesa da atitude democrática do país. O CIF também conseguiu fazer amadurecer no parlamento italiano leis como a n. 66/1963, que sancionava a abertura de todas as carreiras às mulheres.

[4] Ibid., p. 108.

um diálogo com os leigos presentes. Roger Schultz, superior da comunidade de Taizé, também tinha convidado para almoçar o grupo das auditoras, envolvendo algumas delas, como as madres Baldinucci e Guillemin, na leitura do Evangelho e na oração à mesa, antes da refeição. Por seu lado, no dia 11 de novembro de 1964, Alda Miceli, com a presidente da Udaci, Sitia Sassudelli, convidou as auditoras religiosas e leigas para um encontro amistoso no Instituto Maria Rimoldi. Estava presente ali o bispo de Livorno, Emilio Guano, que propôs às presentes que se subdividissem em grupos de estudo para uma colaboração mais específica.

Alda reconheceu que a experiência conciliar havia tido um grande impacto na sua vida, ajudando-a num processo de mudança de mentalidade, mais aberta às novidades do tempo. Nada sabemos das suas intervenções nas comissões, embora se deva sublinhar, nas suas recordações, que esteve sempre presente e atenta de maneira especial ao tema "mulher", frequentemente enfrentado não como sujeito à parte, mas inserindo-o no conjunto dos temas em estudo. Suscitou nela uma grande emoção a proclamação de Maria "Mãe da Igreja", no dia 21 de novembro de 1964.

Depois do Concílio, fez parte da Comissão Pontifícia para o Laicato, com tarefas eclesiais de importância nacional e internacional.

Catherine McCarthy

atherine McCarthy nasceu em Worcester, em Massachusetts (EUA). Licenciou-se na Clark University, especializando-se no Boston College, e ensinou nas escolas secundárias superiores em Ausburn. Casou-se em 1935 com Joseph McCarthy (†1949), com quem teve duas filhas. Mudou-se para a Califórnia, tendo se distinguido na diocese de São Francisco pelo seu empenho no movimento católico feminino, que a levou a desempenhar o papel de presidente, em primeiro lugar, do San Francisco Archidiocesan Council of Catholic Women [Conselho Arquiodiocesano das Mulheres Católicas de São Francisco], depois, em novembro de 1962, do National Council of Catholic Women (NCCW) [Conselho Nacional das Mulheres Católicas], uma federação de organizações femininas católicas, fundada no dia 4 março de 1920, em Washington, e que representava mais de 10 milhões de mulheres católicas.[1]

McCarthy considerava que era urgente redefinir a identidade da mulher católica e favorecer uma participação

---

[1] O NCCW é uma federação de organizações de mulheres católicas que representa cerca de 95% das dioceses dos Estados Unidos da América. A federação, que, por sua vez, era um ramo da National Catholic Welfare Conference, nasceu em 1919 para responder aos desafios da Primeira Guerra Mundial e para dar às mulheres uma voz unitária sobre as grandes questões sociais. Católicas, protestantes e judias da federação trabalharam juntas, a pedido do Presidente Kennedy, num programa antipobreza e na redação de um estatuto que ajudasse as mulheres a melhorarem a sua condição.

mais ativa na vida comunitária, civil e religiosa. Por isso, acolheu com entusiasmo o anúncio do Concílio, tendo por isso escolhido o tema que o NCCW haveria de tratar no Congresso de Washington em novembro de 1964: "Vatican II and You" [O Vaticano II e tu].

Paulo VI, pelo seu serviço no movimento católico, condecorou-a com a cruz *Pro Ecclesia et Pontifice* (1963) e, precisamente pelo seu empenho e enquanto representante de uma organização católica de largo alcance, nomeou-a auditora, no dia 13 de outubro de 1964. Foi Monsenhor Leo Binz, arcebispo de Saint Paul, no Minnesota, e membro do NCCW, quem deu o nome de Catherine McCarthy, como auditora, ao secretário de Estado do Vaticano, Amletto G. Cicognani. As motivações desse pedido eram, por um lado, a ausência no Concílio de representantes do laicato feminino católico americano e, por outro, o alto perfil moral da mulher, viúva, mãe de duas filhas e professora na San Francisco High School. Os Cardeais Joseph Ritter e Paul Agustinus Mayer e os arcebispos Patrick O'Boyle e Joseph Thomas McGucken foram favoráveis a este pedido.[2]

A senhora McCarthy chegou a Roma três dias depois da nomeação e manifestou imediatamente o seu apreço pela presença das auditoras, não obstante o pequeno grupo das mulheres representar menos de 1% dos participantes no Concílio: "Bem", disse, "isto demonstra que as mulheres fazem parte da raça humana. Metade dela estava a esquecer-se disso. Seria um erro grave não sermos consideradas".[3]

---

[2]   ASV. *Conc. Ecum. Vat. II*, 670, carta de 10 de outubro de 1964.
[3]   Carmel Elizabeth McEnroy. *Guests in Their Own House. The Women of Vatican II*, Nova York, Crossroad, 1996, p. 29.

Com as auditoras Goldie, Tobin, Bellosillo e Vendrik, esteve presente no primeiro encontro ecumênico feminino, realizado em Vicarello de 22 a 24 de outubro de 1965, que discutiu o tema "Formas de vida e de serviço para as mulheres nas respectivas Igrejas". Além do mais, no encontro de preparação, dois meses antes, pôde dar a conhecer a sua organização.[4]

Antes da sua promulgação, recebeu das mãos de Paulo VI o texto em latim da *Apostolicam actuositatem*, juntamente com Pilar Bellosillo, Marie-Louise Monnet e outras 3 auditoras, para que fizessem propostas.

Ficara descontente por ter de deixar o Concílio duas semanas antes do encerramento, para participar no congresso das mulheres católicas americanas. Mas os amigos e as amigas que tinha entre os auditores e as auditoras permitiram-lhe que recebesse notícias de maneira a não se sentir distante.[5]

---

[4] ASV. *Conc. Ecum. Vat. II*, 671, f. 12.
[5] Daniel M. Madden. Women at the Council. *The Catholic Digest*, abril (1965), p. 18.

Luz María Longoria Gama e José Álvarez Icaza Manero

No dia 4 de dezembro de 1963, durante a segunda sessão do Concílio Vaticano II, foi promulgado o Decreto *Inter mirifica*, sobre os meios de comunicação social, que fala da necessidade de criar em todos os países um Centro Nacional dos *media* da Igreja (jornais, cinema, rádio e televisão). A finalidade era formar os fiéis no uso correto dos instrumentos de comunicação. Portanto, em 1964, foi criado o Centro Nacional de Comunicação Social (Cencos),[1] como órgão oficial de comunicação social do episcopado mexicano, por iniciativa e com os recursos de José Álvarez Icaza Manero e da sua esposa Luz María (ou Luzma) Longoria Gama. O centro, que teve José como diretor, tornou-se um fator importante para a difusão das ideias do Concílio no México.

Presidentes, de 1957 a 1968, do Movimento Familiar Cristão (MFC), que, na época, agrupava cerca de 14 mil

---

[1] O Cencos contribuiu para a defesa da liberdade de expressão e para o desenvolvimento da democracia no México. Durante anos, mesmo depois do Concílio, foi ponto de referência para todos os perseguidos, um centro para a defesa dos direitos humanos, uma voz para a teologia dos pobres e da libertação, frequentemente em contraste com o silêncio ou as posições da hierarquia mexicana, durante os anos duros da repressão. Lutou pela defesa dos direitos humanos nos anos difíceis da crise social e eclesial mexicana.

famílias,[2] e pais de 12 filhos, os cônjuges Álvarez Icaza, pela sua consolidada experiência em temas de família, participaram no Concílio na qualidade de auditores leigos, por disposição de Paulo VI, tendo sido nomeados no dia 9 de março de 1965.[3]

José e Luz Maria Álvarez Icaza.

A escolha do casal deve-se ao interesse do delegado apostólico Emilio Abascal, que, desejando enviar ao Concílio um mexicano que representasse um organismo internacional, tinha pedido a José que fizesse parte dele. Respondeu positivamente, desde que também se

---

[2] O movimento foi fundado, por iniciativa da Ação Católica Mexicana, pelo Padre Pedro Richards, em 1957, para divulgar os valores naturais e sobrenaturais do matrimônio e da família cristã, de forma a vivê-los e difundi-los.

[3] A nomeação foi entregue ao arcebispo titular de Tarso, e antigo delegado apostólico no México, Luigi Raimondi. Para essas notícias, servi-me da entrevista que Raquel Escobar fez com José Álvarez Icaza, na quarta-feira, 14 de fevereiro de 1999, no Cencos, sobre as atividades do ano de 1965.

convidasse a sua esposa enquanto copresidente do MFC e, além disso, para superar a perplexidade do prelado, realçou a importância da presença da mulher que era, entre outras coisas, uma excelente mãe de família. Foi assim que, pela primeira vez, um casal de esposos foi convidado para o Concílio, embora só na quarta e última sessão.[4]

Por seu lado, Luz María recordava o seu embaraço ao receber o convite, não se sentido à altura de uma tarefa tão alta. Depois, compreendeu que tê-la querido como mãe e esposa, juntamente com o marido, representaria uma abertura muito grande para a Igreja.[5]

No dia 15 de julho de 1965, José, também em nome da esposa, escreveu à Secretaria do Concílio agradecendo o convite, mas sublinhando que seria necessária a presença de outros casais em representação de milhões de famílias no mundo. A propósito, pediu que chamassem alguém das Equipes Notre-Dame, um movimento de espiritualidade familiar, fundado por Henri Caffarel.[6]

O casal chegou ao fim do ano muito preocupado, porque os trabalhos do Concílio já estavam na quarta sessão.

Embora soubessem que a presença dos auditores e das auditoras era restrita e simbólica, sem possibilidade de tomarem a palavra nem de votarem, José e Luz trabalharam intensamente na Comissão Conciliar do Apostolado dos Leigos, participando nas reuniões, estudando, preparando documentos sobre os diversos temas e fazendo

---

[4] ASV. *Conc. Ecum. Vat. II*, 670, carta 3718.
[5] Le donne in Concilio. A colloquio con le uditrici. *Cronache e Opinioni*, 12 (1965), p. 5.
[6] ASV. *Conc. Ecum. Vat. II*, 670, f. 22.

propostas. A sua intervenção foi preciosa na preparação do esquema sobre "a Igreja no mundo" e intervindo nos temas mais polêmicos sobre a família. Chamaram a atenção dos padres conciliares para a realidade matrimonial e exprimiram suas opiniões e experiências. Sublinharam a importância de dirigir a pastoral para a família, porque ela possui uma força que deve ser valorizada como entidade apostólica. Era necessário formar sacerdotes e leigos sobre o significado do sacramento do Matrimônio e sobre o valor da vida matrimonial como lugar por excelência da formação humana e cristã dos filhos. Consideravam que a família tem uma grande missão apostólica de abertura aos outros e, por isso, deveriam empenhar-se em ajudar outros casais a formarem-se espiritualmente.

Para participar melhor, os cônjuges mexicanos puseram em circulação alguns questionários nos movimentos laicais e recolheram muitas indicações entre as famílias cristãs de 36 países do mundo, às quais tinham feito a pergunta: "O que a família espera do Concílio?". Receberam 40.000 respostas da América Latina, da Europa, do Canadá e dos Estados Unidos. Em 29 de setembro de 1965, fizeram uma conferência diante dos padres conciliares, para abrir um amplo debate sobre o matrimônio e a família, informando sobre os resultados do inquérito e do congresso da União Internacional de Organismos Familiares (UIOF), que, em junho, se realizara em Roma. Os temas que deles resultaram foram: as relações entre pais e filhos, a formação pré-matrimonial, o controle de natalidade e a reforma litúrgica ligada ao Matrimônio.

Por sugestão da religiosa holandesa Betsy Holan, que colaborava com Ivan Illich, os cônjuges instalaram uma Casa da Família em Roma, na habitação do embaixador espanhol, levando consigo dois dos seus filhos, Guadalupe, de 15 anos, e Luz María, de 13; também foram acompanhados por um grupo de 20 ajudantes, entre os quais os Padres Alfredo Vásquez Corona, consultor eclesiástico do Movimento Familiar Cristão, e Ignacio Navarro. O trabalho consistiu em transformar a casa num lugar agradável de acolhimento, de encontro e de intercâmbio, num clima familiar e dialogante. Eram muitos os que iam visitá-los; no seu registro estavam inscritas mais de mil pessoas, de vários níveis e categorias: leigos, seminaristas, eclesiásticos, teólogos, jornalistas e religiosas.[7]

A casa de Roma tornou-se não só o lugar de maior peso nas relações entre o México e Roma, mas também onde se desenvolveu o espírito ecumênico para os agradáveis intercâmbios que havia entre os auditores protestantes e ortodoxos. Desse modo, o casal não apenas se enriqueceu espiritualmente, como também favoreceu um intenso trabalho de elaboração e de propostas. Podemos

---

[7] Entre os hóspedes: Georges Hakim, arcebispo de Akka e Nazaré, que presidiu a uma missa segundo o rito melquita; Joseph A. Rosario, bispo de Amravali, Índia, que ofereceu a sua cruz peitoral a uma das filhas de Luz María; Luis Baccino do Uruguai; Monsenhor Bogarin do Paraguai; Monsenhor Cornejo do Peru e outros bispos da América Central, do Brasil e da Argentina. Entre os prelados mexicanos que visitaram a casa estavam: os Cardeais José Garibi y Rivera e Miguel Darío Miranda; Octaviano Márquez y Toriz, arcebispo de Puebla e presidente do comitê episcopal; Emilio Abascal, presidente da Comissão Episcopal para o Apostolado dos Leigos; Sergio Méndez Arceo, bispo de Cuernavaca; Samuel Ruíz, de Chiapas; Juan Navarro, da cidade de Altamirano; Salvador Quezada Limón, de Aguascalientes; José Trinidad Sepúlveda, de Tuxtla Gutiérrez; Carlos Quintero, de Valles; José de Jesús Clemens Alba Palacios, de Tehuantepec. Além destes, os Monges Max Thurian e Roger Schutz, Pilar Bellosillo, Juan Vásquez, presidente da Federação Internacional da Juventude Católica, o teólogo espanhol Garde Elias Cabodevilla, especializado em questões familiares. O cardeal estabeleceu contatos, além de outros, com o Cardeal Eugène Tisserant que, pouco antes, tinha visitado o México.

falar de uma autêntica oficina de ideias, de um centro de estudo que alimentou e enriqueceu a discussão conciliar.

De fato, graças ao trabalho dos colaboradores, o casal pôs à disposição materiais relativos aos temas não somente sobre a família, mas também ligados a outras questões, facilitando o trabalho dos padres conciliares, através de conferências que os Álvarez Icaza mantinham em diversos lugares, como o Centro Coordenador de Comunicações do Concílio[8] e o Colégio Pio Latino-Americano. Também nasceu um boletim, "Esta semana en el Concilio" [Esta semana no Concílio], preparado pelo grupo mexicano para informar sobre as atividades conciliares.

O casal trabalhou na Constituição pastoral sobre a Igreja no Mundo (*Gaudium et spes*) e no Decreto sobre os meios de comunicação social (*Inter mirifica*).

Relativamente às questões matrimoniais, os cônjuges não punham grandes expectativas nos padres conciliares. Para que fossem mais bem-aceitas, as suas propostas foram escritas em latim, graças à ajuda de alguns colaboradores, e entregues em três cópias: uma a Monsenhor Francesco Abascal, protetor do Seminário conciliar da diocese de Puebla; a segunda ao arcebispo de Puebla, Octaviano Márquez y Toriz, que considerou audaciosa a iniciativa; e a terceira a um padre francês que trabalhava com os bispos franceses e africanos, que ficaram entusiasmados com as reflexões dos cônjuges mexicanos, muitas das quais foram por eles integradas no documento. Deste modo, o pensamento do casal, que não despertou nenhum interesse

---

[8] Os Álvarez Icaza puseram-se em contato com outros centros de comunicação – o Centro de Comunicação do Concílio (CCC) e o International Documentation Center (IDC) [Centro Internacional de Documentação] – para permitir a maior difusão possível do trabalho conciliar.

nos bispos mexicanos, passou mediante a intervenção dos bispos franceses e africanos. Também trabalharam muito com Mons. Manuel Larraín Errázuriz, presidente do Conselho Episcopal Latino-Americano (CELAM), que propôs na assembleia as sugestões do casal.

Foi muito importante a sua influência no Esquema XIII, na comissão sobre a família. Parece que, no momento da leitura de um documento preparatório, formulado segundo as linhas da teologia escolástica, Luz teria rido "despudoradamente", por considerar que os conceitos expressos estariam fora da realidade humana e conjugal, dizendo, voltada para um padre conciliar:

> Não gosto do que está dizendo. [...] É enfadonha a expressão de São Tomás que afirma que o fim primário do matrimônio é a procriação da espécie, em segundo lugar a complementaridade conjugal e, finalmente, em terceiro, o remédio da concupiscência: perturba-nos muito a nós, mães de família, que os filhos sejam fruto da concupiscência. Pessoalmente, tive muitos filhos sem nenhuma concupiscência, pois são todos fruto do amor.

Estas considerações causaram um impacto muito forte, porque foram expressas numa forma que tocou profundamente os padres conciliares: "Com todo o respeito vos digo, senhores padres conciliares, que as vossas mães vos conceberam sem este medo da concupiscência".

Houve muitos comentários e a expressão foi traduzida em diversas línguas, provocando sorrisos e reflexões.

A mudança fundamental foi a consideração de que os fins do matrimônio não se limitam à procriação e à educação dos filhos. Na declaração aprovada sobre o tema do controle de natalidade, constituiu uma novidade o realce dado ao amor conjugal como expressão física do afeto entre os esposos. Segundo os auditores leigos, "insistiu-se no direito dos cônjuges de planificar a família, determinando o número de filhos com meios lícitos, com a proclamação explícita do amor humano como um dos fins primários do matrimônio".[9]

Passados oito meses de preparação para se chegar a uma visão de conjunto sobre a situação da família no mundo, o bispo de Essen (Alemanha), Franz Hengsbach, durante a assembleia plenária em que se debatia o Esquema "A Igreja no mundo moderno", reconheceu o trabalho dos leigos no Concílio e o casal mexicano sentiu grande satisfação com a aprovação de 25 das 28 propostas apresentadas na comissão.

Os cônjuges mexicanos também participaram na Comissão Teológica mista, defendendo com vigor os seus pontos de vista. O novo texto foi apresentado à Comissão plenária mista, formada por 10 cardeais, 50 bispos, vários peritos e 10 auditores leigos, entre os quais os Álvarez Icaza como casal. Na comissão concedeu-se o direito de palavra aos peritos. Desse modo, pela primeira vez na Igreja, foi considerada nos textos conciliares a opinião direta de uma mãe de família. A 6 de dezembro de 1965, na última congregação geral, os padres conciliares aprovaram o texto elaborado com o contributo determinante dos peritos leigos.

No dia 8 de dezembro de 1965, realizou-se a cerimônia de encerramento do Concílio, na Praça de São Pedro. Alguns cardeais leram breves mensagens dirigidas a

---

[9] Cf. *Boletín esta semana en el Concilio*, n. 9, México DF, 21 de novembro de 1965, p. 23. Na fase preparatória do Concílio, no capítulo sobre o matrimônio, o padre franciscano Ermenegildo Lio, consultor do Santo Ofício, tinha convidado a que se fugisse do "fétido onanismo conjugal e ainda da fecundação artificial".

grupos humanos: aos governantes, aos intelectuais, aos artistas, às mulheres, aos trabalhadores, aos pobres e aos doentes, e aos jovens. Em representação das mulheres, receberam a mensagem as senhoras Laura Segni, Luz María Álvarez Icaza e Marie-Louise Monnet.[10]

Pouco depois do encerramento, o casal foi recebido em audiência por Paulo VI, oferecendo-lhe, em nome do México, uma imagem da Virgem de Guadalupe e um livro sobre a desintegração familiar; também lhe comunicaram os anseios e as esperanças das famílias, recolhidas em 33.252 respostas registradas. Luz María recebeu do Papa uma condecoração como representante das mães de todo o mundo.

Depois do Concílio, os cônjuges mexicanos continuaram empenhados na defesa dos direitos humanos e ativos na teologia da libertação. Nas conferências que, após o Concílio, fizeram na América Latina, voltaram muitas vezes aos temas do Esquema XIII, considerando-o um documento aberto e que, em última instância, deixaria aos esposos, diante de Deus, a responsabilidade da planificação familiar.

---

[10] "Sua Santidade entregou pessoalmente uma mensagem às mulheres na pessoa da senhora Álvarez Icaza, em representação das mães do mundo, e ofereceu-lhe uma medalha comemorativa" (La huella de los laicos en el Esquema 13. *Boletín esta semana en el Concilio*, n. 13, México DF, 19 de dezembro de 1965, pp. 17-19).

Margarita Moyano Llerena

Argentina Margarita Moyano Llerena foi presidente do Conselho Superior das Jovens da Ação Católica, de 1955 a 1961, trabalhando na sede em Bruxelas, juntamente com as organizações católicas internacionais *Lumen Vitae* e *Pro Mundi Vita*, e empenhando-se ativamente em Taizé, nos encontros dos jovens.

Em 7 de outubro de 1964, a Federação Mundial da Juventude Católica Feminina, na pessoa da vice-presidente Graciela Corro, pedia ao secretário Pericle Felici que Margarita Moyano, depois de Anne-Marie Roeloffzen, que pertencia à mesma Federação, fosse chamada como auditora no Concílio. O pedido era justificado pelo fato de a argentina, também graças à sua experiência de vida e de trabalho, poder representar a América Latina. Outro pedido foi enviado no dia 9 de novembro do mesmo ano por Dora Perramón e Marta Renna, assessoras da mesma federação. Contudo, a nomeação oficial só chegou no verão de 1965.

Tinha 38 anos quando foi chamada a participar na última sessão do Concílio, não só como vice-presidente da Federação, tendo sucedido a holandesa Maria Vendrik, mas também como representante das mulheres da América Latina.[1]

---

[1] Margarita Moyano recebeu a nomeação e agradeceu no dia 23 de agosto de 1965: ASV. *Conc. Ecum. Vat. II*, 670, f. 20.

Mudou-se de Bruxelas para Roma, para poder participar todas as manhãs nas sessões, entre setembro e outubro de 1965. Interveio nas comissões de trabalho para a promoção do laicato e escrevia frequentemente às colegas da federação, relatando as impressões que recebia do Concílio e dos seus encontros com bispos e cardeais de todo o mundo.

Recordava emocionada o dia em que se aprovou a Declaração *Dignitatis humanae*, sobre a liberdade religiosa. Era o dia 21 de setembro, e reparou na alegria de Roger Schutz, prior de Taizé, e dos muitos irmãos de diferentes confissões que estavam presentes como observadores. Recordou-se também de que tinha sido testemunha de um acontecimento histórico quando, no encerramento do Concílio, o metropolita Melitão e Paulo VI se abraçaram e pediram perdão em nome das suas Igrejas pela mútua excomunhão de 1054.[2]

No dia 8 de dezembro de 1965, no encerramento do Concílio, recebeu, juntamente com o argentino Juan Vázquez e o africano togolês Eusèbe Adjakpley, a mensagem final dirigida aos jovens: o cardeal Agagianian leu a mensagem; estava acompanhado pelo Cardeal de Bombaim Valeriano Gracias; seguiam, em fila, Vázquez, Adjakpley e ela. Como Margarita Moyano anotará, em Roma "as mulheres vão sempre no fim; mas, afinal, o importante é que vão". Foi grande a emoção de encontrar-se diante do Papa que, ao abençoá-la, lhe disse que contava muito com a juventude feminina e ela, por seu lado, prometeu o seu

---

[2] Carta escrita em Roma no dia 8 de dezembro de 1965.

empenho em transmitir a mensagem do Concílio e trabalhar ao máximo pela sua efetivação.[3]

Em 1974, regressou à Argentina, visando promover o desenvolvimento das áreas pobres. Lutou pelo Instituto de Cultura Popular e participou ativamente na conferência de Medellín (1968) e em Puebla (1979), empenhando-se pela Igreja dos pobres. As suas grandes expectativas, nascidas durante o Concílio, foram frustradas, porque considerou que não foram postas em prática, mas não se esqueceu do esforço de solidariedade, de liberdade e de responsabilidade que se vivia naqueles encontros e que, de algum modo, marcaram o seu futuro empenho pastoral.[4]

---

[3] Carmel Elizabeth McEnroy. *Guests in Their Own House. The Women of Vatican II*, Nova York, Crossroad, 1996, p. 88.

[4] Luis Miguel Donatello. *Moyano Llerena*, Margarita, Nova York. Cambridge University Press, 2010, p. 844.

Gladys Parentelli

Nascida no Uruguai, em 1935, é uma das três auditoras latino-americanas chamadas por Paulo VI ao Concílio, juntamente com Margarita Moyano Llerena e Luzma Álvarez Icaza.

Terceira de quatro filhos (Maria, Nellys e Antonio, os outros três), Gladys estudou ciências da educação e da informação, trabalhando também como documentarista de fotografia em diversas instituições nacionais e internacionais; empenhada na juventude, em estreito contato com a Ação Católica, foi guiada pelo bispo da diocese de San José de Mayo, Luis Baccino, muito favorável ao crescimento espiritual de um laicato adulto e responsável, que gostava de dizer, quando se dirigia aos leigos: "Um bispo não tem razão de existir, se não trabalha com os leigos. Sem vós, eu não teria razão de existir, porque vós sois a Igreja".[1]

Graças a ele, Gladys Parentelli recebeu, em 1958, uma bolsa de estudo para a Europa, aos cuidados do Movimento Internacional da Juventude Agrícola e Rural (MIJARC), que tinha a sua sede em Lovaina (Bélgica). Recebeu uma formação muito intensa, participando em vários cursos e empenhando-se em diversas atividades para o desenvolvimento das áreas rurais. Regressou ao Uruguai em 1959 e o

---

[1] Giovanna Merola Rosciano e Gladys Parentelli. *Mujer, Iglesia, Liberación*, Caracas, ed. das autoras, 1990, p. 21.

bispo incentivou-a a criar, juntamente com outras quatro jovens, o Movimento da Juventude Agrária Católica Feminina (MJACF), trabalhando nele o tempo inteiro. De 1964 a 1967, foi presidente do ramo feminino do movimento.

Em 1964, encontrava-se em Roma, onde conseguiu, por ocasião do Concílio, entrevistar os bispos latino-americanos, entre os quais Dom Helder Camara, bispo de Olinda e Recife (Brasil), e divulgar os objetivos do movimento. Foi convidada a participar na primeira assembleia geral do MIAMSI, quando Paulo VI anunciou que nomeara a presidente Monnet como primeira mulher auditora no Concílio. A sua emoção foi grande; mas, quando soube que o secretário Pericle Felici – que era contrário – não tinha comunicado a lista nem *L'Osservatore Romano* dera a notícia da nomeação de Marie-Louise Monnet, compreendeu que a vontade do Papa de ter mulheres no Concílio representaria uma atitude de independência em relação à Cúria, especialmente diante de Felici, que – diz Gladys – tinha muita dificuldade em dirigir a palavra às auditoras, mesmo para cumprimentá-las.

No ano seguinte, 1965, no dia 24 de julho, Gladys foi nomeada auditora, em reconhecimento pelo trabalho realizado no movimento que representava a camada rural em nível internacional. Recebeu o passaporte do Vaticano e, com surpresa, viu que lhe tinham mudado o nome, latinizando-o de Gladys para Cláudia. Habituada a andar de cabeça descoberta e de mangas curtas, a sua roupa foi considerada inoportuna, de modo que, quando se expunham as fotografias oficiais, a sua não aparecia.

Os auditores entravam na Basílica de São Pedro pela porta de Santa Ana, a mesma por onde passavam os cardeais, embora estes viessem dentro de grandes Cadillacs e limusines com matrícula SCV (Stato della Cità del Vaticano), que, ironicamente, alguns italianos interpretavam como "Se Cristo visse", o que para Parentelli significava a distância entre o anúncio do Evangelho feito aos pobres e a ostentação da Igreja hierárquica.

Gladys trabalhou no Esquema XIII relativo ao laicato. Por razões práticas, foi eleita para uma comissão juntamente com um italiano, uma francesa e um ruandês. O primeiro problema foi a língua do texto, o latim; por isso, naquela noite, preparou-se uma tradução em francês, para que todos entendessem. A comissão reuniu-se e elaborou um texto crítico, pedindo ao porta-voz do grupo dos auditores que o lesse na assembleia plenária. Ao ler o texto, o Cardeal Suenens, embora fosse considerado um progressista, disse que os auditores não podiam, de maneira nenhuma, criticar um Esquema, dado que era um direito exclusivo dos padres conciliares. Na manhã seguinte, houve uma desagradável surpresa, quando o auditor ruandês leu no plenário uma folha – escrita pelo cardeal – que continha somente o agradecimento por se ter permitido a presença dos leigos no Concílio. Gladys, juntamente com os outros, sentiu-se tão humilhada e tão desiludida, que pensou em regressar a Lovaina, para continuar mais proficuamente o trabalho do movimento. Não quis assistir à sessão de encerramento do Concílio. No texto tinham sido eliminados as notas da comissão dos auditores, que o cardeal julgava serem progressistas.

Gladys considerou o Concílio um acontecimento que ela tinha vivido com muitas expectativas, mas que, ao contrário, se tinha revelado uma fonte de grandes desilusões. Recordava a dificuldade dos padres conciliares em se relacionarem com as mulheres e [ter em consideração] os seus problemas: o cardeal Felici não conseguia cumprimentar as auditoras nem olhá-las nos olhos.[2]

Ela considera que a mulher foi uma grande ausente porque, naquela ocasião, a Igreja Católica não tinha deixado de ser androcêntrica e patriarcal, baseada em relações verticais de exclusão. De fato, depois da experiência conciliar, distanciou-se ainda mais da hierarquia católica, empenhando-se na teologia da libertação e no ecofeminismo.[3]

Reside na Venezuela desde 1969.

---

[2] Carmel Elizabeth McEnroy. *Guests in Their Own House. The Women of Vatican II*, Nova York, Crossroad, 1996, p. 97.

[3] Merola Rosciano-Parentelli. *Mujer, Iglesia, Liberación*, cit.

Gertrud Ehrle

Durante a quarta sessão, Juliana Thomas teve ao seu lado outra alemã, a leiga Gertrud Ehrle, com quem estabeleceu laços de amizade e de solidariedade. De 1952 a 1979, Ehrle foi presidente da Federação Alemã das Mulheres Católicas (Katholischer Deutscher Frauenbund)[1] e membro do comitê da União Mundial das Organizações Femininas Católicas (UMOFC),[2] associação internacional que tinha como objetivo promover a participação, a presença e a corresponsabilidade das mulheres católicas na sociedade e na Igreja, a fim de lhes permitir o cumprimento de uma missão de evangelização e de trabalho a favor do desenvolvimento humano.

Pode considerar-se Gertrud Ehrle uma feminista dedicada à causa das mulheres. Nasceu em Ravensburgo

---

[1] O Katholischer Deutscher Frauenbund (KDF) foi fundado em Colônia, no ano de 1903.

[2] A União foi fundada na Inglaterra por Margaret Fletcher (1862-1943). Depois da destruição e do horror da Primeira Guerra Mundial, a União intensificou os seus esforços pela paz. A campanha internacional a favor do desarmamento, empreendida entre as duas guerras mundiais, foi uma das mais consistentes que até hoje se realizaram por ação de uma organização não governamental. Na linha da frente desta campanha estiveram, precisamente, as mulheres da União, que representavam mais de 45 milhões de mulheres em todo o mundo e que recolheram as assinaturas de 16 milhões de católicas na petição pela paz. Em 1932, esta petição foi apresentada na abertura da conferência sobre o desarmamento internacional, convocada para Genebra, pela ONU. No período imediatamente posterior à guerra, outra mulher, Catherine Schaefer, representante da UMOFC nas Nações Unidas, desempenhou um papel fundamental na defesa da dignidade da pessoa humana.

(Alemanha), em 1897; primeiro, estudou política social, depois psicologia e filosofia na Universidade de Colônia, empenhando-se pessoalmente no trabalho social.[3] Cofundadora do Mother's Recovery Work, uma associação que nasceu para ajudar as famílias depois da Segunda Guerra Mundial, realizou um extraordinário trabalho pela paz, que fez com que tivesse recebido muitas condecorações, entre as quais a cruz Federal e a cruz *Pro Ecclesia et Pontifice*.[4]

Gertrud Ehrle com Juliana Thomas.

---

[3] Em 1937, publicou *Leben spricht zu Leben*, Friburgo, Herder; e em 1951, um volume sobre as experiências das mulheres cristãs de 1933 a 1945: Gertrud Ehrle e Regina Broel. *Licht über dem Abgrund – Aufzeichnungen und Erlebnisse christlicher Frauen – 1933-1945*, Friburgo, Herder, 1951.

[4] Cf. Manja Seelen, Gertrud Ehrle. *Eine Frau weist Wege. Eine biographische Dokumentation*, Berlim, KDT, 1997.

Colaboradora do bispo auxiliar Augustin Frotz, em 1956, construiu em Colônia o Colégio Helfta, uma residência internacional para moças e jovens estudantes de todo o mundo, que haveria de tornar-se um lugar de encontro e estudo, através de reuniões, congressos, seminários e cursos de formação.[5] Este colégio iria permitir o desenvolvimento cultural de jovens mulheres, provenientes sobretudo da África, Índia e Coreia.

Ela era sobrinha do Cardeal Franz Ehrle, jesuíta, e próxima do Cardeal Bea, que a quis no Concílio como auditora, pelas suas capacidades e pelo trabalho realizado em nível internacional. Tal como o Cardeal Bea, no dia 1º de novembro de 1964, também o bispo Frotz, em nome do cardeal de Colônia, Josef Frings, forjou a sua nomeação como auditora, fundamentando o pedido com a sua grande experiência no campo ecumênico e com a sua competência específica no setor do trabalho feminino.[6] Mas foi somente em julho de 1965 que chegou a nomeação, depois dos pedidos do episcopado alemão.

Lamentava-se de que a Igreja não valorizasse o grande potencial que as mulheres constituem. Estava convencida não somente da força que podia uni-las, mas também do trabalho que as leigas e as religiosas podiam fazer juntas. Paulo VI encorajou-a a prosseguir nessa direção. Durante o Concílio, interveio com competência nas comissões do

---

[5] O Colégio Helfta (do nome da abadessa medieval Gertrude de Helfta) também foi residência de Ehrle. Estava ligado à Casa Federal das Mulheres, fundada em 1929 e inaugurada na presença de Konrad Adenauer, então presidente do município de Colônia, e do Cardeal Josef Frings. Foi sede intelectual e espiritual no período do nacional-socialismo; imediatamente depois da Segunda Guerra Mundial, foi centro de educação cívica e, desde 1956, casa de estudo internacional com o Colégio Helfta, querido por Ehrle. Cessou a sua atividade em 2005.

[6] ASV. *Conc. Ecum. Vat. II*, 670, f. 20.

Esquema XIII, sobretudo no que se refere à defesa da dignidade da mulher, relativamente à sua autonomia. O Bispo Frotz pediu duas das suas intervenções conciliares que foram aceitas. A menção específica da dignidade igual entre os homens e as mulheres, presente na *Gaudium et spes* e na *Apostolicam actuositatem*, e também o realce de que a cultura deve ser a expressão de ambos os sexos, são também o fruto dos esforços de Gertrud Ehrle em Roma.[7]

---
[7] Cf. Seelen. *Gertrud Ehrle*, cit., pp. 36-37.

Hedwig von Skoda

A baronesa Hedwig Karoline Josefine Ricarda Emilie von Skoda nasceu em Viena, na Áustria, no dia 3 de dezembro de 1912. Pertencente à família checoslovaca que criou a casa e a marca de automóveis Skoda, em Plzeň (fundada pelo seu avô Emil Ritter), Hedwig tinha passado a sua infância tanto em Viena como no castelo da família em Zinkau, na Boêmia. Em 1919, mudou-se para Zurique, onde, nos anos 1930, frequentou a Faculdade de Direito. A dissertação da sua tese, defendida em 1943, tinha como tema "A repressão internacional do tráfico ilícito dos entorpecentes". Depois de ter trabalhado na Suíça, no campo das pensões e dos seguros, fundou, em 1950, as Équipes Internationales de Renaissance Chrétienne (EIRC),[1] com o apoio de Nikolaus Pfeiffer, professor de Teologia Moral em Friburgo. Participou algumas vezes em congressos internacionais, em que interveio com discursos (em alemão, francês ou italiano),

---

[1] Philippe Chenaux. Les Nouvelles Équipes Internationales. In: *I movimenti per l'unità europea*, Milão, Jaca Book, 1992, pp. 237-252. Nos últimos anos, publicaram-se os volumes: *Les Nouvelles Équipes Internationales. Un movimento cristiano per una nuova Europa*. Dir. de Jean Dominique Durand, Soveria Mannelli (cz), Rubbettino, 2007; e Stefan Delureanu. *Les Nouvelles Equipes Internationales. Per una rifondazione dell'Europa (1947-1965)*, Rubbettino, Soveria Mannelli (cz), 2006. A "nova ordem" europeia devia construir-se em perfeita harmonia com a tradição cristã. Era nela que se devia procurar inspiração para indicar o sistema de valores sobre o qual se fundaria a Europa unida. Os seus membros empenhavam-se na reconstrução cristã da sociedade, para que o mundo reconhecesse Cristo como centro da história universal.

predominantemente sobre temas de teologia das realidades terrestres.

No dia 12 de julho de 1965, o Cardeal Josef Beran de Praga escreveu ao secretário Pericle Felici, sugerindo que convidasse a baronesa Skoda como auditora na última sessão do Concílio – em particular para a discussão do Esquema XIII – pelo seu empenho nas EIRC.

Hedwig von Skoda.

A nomeação como auditora, como "representante qualificada de organização católica", tem a data de 20 de agosto. A baronesa agradeceu ao Cardeal Felici no dia 1º de setembro de 1965, da sua residência na Suíça, em Brissago.

Embora estivesse presente durante pouco tempo, trabalhou intensamente, discutindo com teólogos e bispos acerca do papel dos leigos na Igreja e fazendo pormenorizadas comunicações no boletim das EIRC. Há dois documentos redigidos por Hedwig von Skoda: "Pro memoria" ("Aide-mémoire", de 5 de outubro de 1965) e "Propostas de emendas a serem introduzidas no Esquema XIII" (Propositions d'amendements à introduire dans le Schema 13, sem data). Trabalhou nos capítulos III e IV e, em particular, nas questões inerentes *De humana navitate* da *Gaudium et spes* (n. 37-45), e propôs, relativamente ao n. 43, um texto alternativo ao apresentado pelo Cardeal Josef Beran; contudo, foi impossível encontrar esta petição.

Hedwig von Skoda trabalhou frutuosamente na subcomissão quatro (5 de outubro de 1965) como "perita" e também fez parte da comissão mista que elaborou o esquema da *Gaudium et spes* (22-27 de novembro de 1965).

No dia 1º de setembro de 1965, começou a colaborar com o jornal suíço Willisauer Bote.

Depois do Concílio, intensificou as relações com os três centros das EIRC, na Suíça (Brissago), na Alemanha (Colônia) e na França (Le Beaucet), e empenhou-se na aplicação dos direitos políticos das mulheres na Suíça,[2] reconhecendo que a Igreja Católica pouco tinha feito por elas.

Faleceu em Le Beaucet, no dia 11 de abril de 1985.

---

[2] Cf. Carmel Elizabeth McEnroy. *Guests in Their Own House. The Women of Vatican II*, Nova York, Crossroad, 1996, p. 93.

Para concluir

O Concílio e as mulheres

A mensagem de Paulo VI às mulheres

No dia 8 de dezembro de 1865, no encerramento do Concílio, Paulo VI enviou breves mensagens a algumas categorias de pessoas: aos governantes, aos intelectuais, aos artistas, às mulheres, aos trabalhadores, aos pobres e aos doentes, e, por fim, aos jovens. Foi assim que se dirigiu às mulheres:

> E agora, é a vós que nos dirigimos, mulheres de todas as condições, jovens, esposas, mães e viúvas. A vós também, virgens consagradas e mulheres solteiras: vós constituís a metade da família humana.
>
> A Igreja orgulha-se, como sabeis, de ter dignificado e libertado a mulher, de ter feito brilhar durante os séculos, na diversidade de caracteres, a sua igualdade fundamental com o homem.
>
> Mas a hora vem, a hora chegou, em que a vocação da mulher se realiza em plenitude, a hora em que a mulher adquire na cidade uma influência, um alcance, um poder jamais conseguidos até aqui.
>
> É por isso que, neste momento em que a humanidade sofre uma tão profunda transformação, as mulheres impregnadas do espírito do Evangelho podem tanto ajudar para a humanidade a não decair.

Vós, mulheres, tendes sempre em partilha a guarda do lar, o amor das fontes, o sentido dos berços. Vós estais presentes ao mistério da vida que começa. Vós consolais na partida da morte. A nossa técnica corre o risco de se tornar desumana. Reconciliai os homens com a vida. E sobretudo velai, nós vos suplicamos, sobre o futuro da nossa espécie. Tendes que deter a mão do homem que, num momento de loucura, tentasse destruir a civilização humana.

Esposas, mães de família, primeiras educadoras do gênero humano no segredo dos lares, transmiti a vossos filhos e filhas as tradições de vossos pais, ao mesmo tempo que os preparais para o insondável futuro. Lembrai-vos sempre de que uma mãe pertence, em seus filhos, a esse futuro que ela talvez não chegará a ver.

E vós também, mulheres solteiras, sabei que podeis cumprir sempre a vossa vocação de dedicação. A sociedade chama-vos de toda a parte. E as próprias famílias não podem viver sem o socorro daqueles que não têm família.

Vós especialmente, virgens consagradas, num mundo em que o egoísmo e a busca do prazer querem ser lei, sede as guardiãs da pureza, do desinteresse, da piedade. Jesus, que deu ao amor conjugal toda a sua plenitude, exaltou também a renúncia a esse amor humano, quando é feita pelo amor infinito e para serviço de todos.

Mulheres que sofreis provações, finalmente, vós que estais de pé junto à cruz, à imagem de Maria, vós que, tantas vezes, através da história, tendes dado aos homens a força para lutar até ao fim, de testemunhar até ao martírio, ajudai-os uma vez mais a conservar a audácia dos grandes empreendimentos, ao mesmo tempo que a paciência e o sentido de humildade de tudo o que principia.

Mulheres, vós que sabeis tornar a verdade doce, terna, acessível, empenhai-vos em fazer penetrar o espírito deste Concílio nas instituições, nas escolas, nos lares, na vida de cada dia.

Mulheres de todo o universo, cristãs ou não crentes, a vós a quem a vida é confiada neste momento tão grave da história, a vós compete salvar a paz do mundo.

Diferentemente daquilo que as auditoras tinham proposto e auspiciado ao Concílio, o Papa, em linha com a visão antropológica tradicional, com esta mensagem, separava as mulheres como categoria distinta e consistente e voltava a propor um modelo que representava o feminino na função "natural" de guarda de uma humanidade que precisa de ser salva. Embora reconheça que a mulher tem não só uma igualdade substancial com o homem – mas "na diversidade de caracteres" –, como também uma presença cada vez mais adquirida na sociedade, Paulo VI volta a afirmar o papel funcional e substancialmente materno: em ordem à transmissão da tradição dos antepassados, em ordem à educação da prole, em ordem à orientação dos homens, em ordem ao amor à Igreja e em ordem à salvação da humanidade.

Além disso, como veremos melhor a seguir, tinha chamado a si três questões que tocavam fortemente o mundo feminino e que, pelas posições assumidas por muitos durante os trabalhos conciliares, tinham suscitado reações de preocupação da ala conservadora: o controle da natalidade, a admissão das mulheres no ministério e o celibato eclesiástico.

Os documentos conciliares

O Concílio Vaticano II promulgou 16 documentos: 4 constituições, 9 decretos e 3 declarações.[1] Não se definiu

---

[1] Constituições *Sacrosanctum Concilium*, sobre a Sagrada Liturgia; *Lumen gentium*, sobre a Igreja; *Dei Verbum*, sobre a revelação; *Gaudium et spes*, sobre a

nenhum dogma, não se pronunciou nenhum anátema. Foi um Concílio pastoral para a renovação da Igreja Católica.

Graças ao trabalho das mulheres, nos documentos não se tratou especificamente do problema da mulher; de fato, não se queria isolar a questão feminina da questão do laicato e da Igreja inteira, definindo a missão da mulher ou da sua feminilidade, nem lhe atribuir campos estritamente definidos. As mulheres participam na missão total da Igreja, porque a todos os batizados se pede que atuem como membros adultos e responsáveis.

As mulheres estiveram presentes somente em duas sessões, na terceira (de 14 de setembro a 21 de novembro de 1965) e na quarta (de 14 de setembro a 8 de dezembro de 1965); mas não passaram sem deixar sinais importantes nos documentos conciliares. Houve influência das auditoras, sobretudo em dois documentos em que tinham trabalhado a partir das subcomissões: as Constituições *Lumen gentium*, que sublinhava a rejeição de toda a discriminação sexual, e a *Gaudium et spes*, na qual emergia a visão unitária do homem-mulher como "pessoa humana" e a igualdade fundamental dos dois.

Como sabemos, a *Lumen gentium* operou uma revolução copérnica relativamente à eclesiologia precedente, colocando o capítulo sobre o povo de Deus, no seu conjunto enquanto sujeito eclesial, antes do capítulo sobre a

---

Igreja no mundo. Decretos *Inter mirifica*, sobre os meios de comunicação social; *Unitatis redintegratio*, sobre o ecumenismo; *Orientalium ecclesiarum*, sobre as Igrejas orientais católicas; *Christus Dominus*, sobre o ofício pastoral dos bispos; *Presbyterorum ordinis*, sobre o ministério e a vida sacerdotal; *Perfectae caritatis*, sobre a renovação da vida religiosa; *Apostolicam actuositatem*, sobre o apostolado dos leigos, *Optatam totius*, sobre a formação sacerdotal; *Ad gentes*, sobre a atividade missionária da Igreja. Declarações *Gravissimum educationis*, sobre a educação cristã; *Nostra aetate*, sobre as relações com as religiões não cristãs; *Dignitatis humanae*, sobre a liberdade religiosa.

hierarquia. O primado da paridade fundamental, conferido pelo Batismo às pessoas crentes, concerne a todos e, portanto, também às mulheres, pela corresponsabilidade apostólica.[2]

É, portanto, uno o povo eleito de Deus: "um só Senhor, uma só fé, um só Batismo" (Efésios 4,5); comum é a dignidade dos membros, pela sua regeneração em Cristo, comum a graça de filhos, comum a vocação à perfeição, uma só salvação, uma só esperança e uma caridade indivisível. Nenhuma desigualdade existe em Cristo e na Igreja, por motivo de raça ou de nação, de condição social ou de sexo, pois não há judeu nem grego, não há escravo nem livre, não há homem nem mulher; porque todos sois um só em Cristo Jesus (Gálatas 3,28; cf. Cl 3,11) (cap. IV, § 32).

As mulheres e os homens leigos já não são relegados à passividade à receptividade, mas recebem um papel no interior da Igreja.[3]

E não diferentemente a *Gaudium et spes* (aprovada no dia 7 de dezembro de 1965) afirma no § 29:

Uma vez que todos os seres humanos, dotados de alma racional e criados à imagem de Deus, têm a mesma natureza e a mesma origem e, porque, redimidos por Cristo, gozam da mesma vocação e destino divinos, deve reconhecer-se, e cada vez mais, a igualdade fundamental entre todos.

---

[2] Cf. Cettina Militello. *Volti e storie. Donne e teologia in Italia*. Dir. de Agnese Maria Fortuna, Cantalupa (TO), Effatà, 2009, sobretudo as pp. 193-278 dedicadas a "Teologhe e Concilio Vaticano II" [Teólogas e Concílio Vaticano II].

[3] Cf. Lilia Sebastiani. Il Concilio Vaticano II e la questione femminile. In: *L'altra metà della terra e del cielo*, Verona, Mazziana, 2006, pp. 133-155; e Cettina Militello (ed.). *Il Vaticano II e la sua ricezione al femminile*, Bolonha, EDB, 2007.

Como sabemos, o documento foi o futuro de um longo e complexo trabalho que se arrasta ao longo de toda a quarta sessão, dando lugar a 6 versões prévias. O trabalho das auditoras e dos auditores, ao lado do que defendiam muitos padres conciliares, entre os quais recordamos sobretudo o Cardeal Suenens e o teólogo Gérard Philips, foi determinante para se abrir uma perspectiva mais ampla sobre as relações da Igreja com o mundo. Já o seu título *Gaudium et spes*, "A alegria e a esperança", confere novidade ao documento, baseado numa teologia indutiva, que dá grande relevo à experiência: a Igreja, que "escruta os sinais do tempo", torna-se participante nas alegrias e nas esperanças, nas tristezas e nas angústias da humanidade e dirige-se a todas as pessoas de boa vontade para estabelecer uma fraternidade universal. Portanto, uma Igreja à *escuta* em relação ao mundo e que reconhece no ser humano, criatura e imagem de Deus, uma pessoa a tutelar na sua dignidade e a ajudar na assunção das suas responsabilidades. A perspectiva dinâmica do conceito de natureza humana e a superação da sua tradicional visão cosmológica e metafísica, que a considerava estaticamente como essência, embora não se referissem explicitamente às mulheres, representavam uma viragem cultural de largo alcance, com profundas repercussões na identidade antropológica dos dois gêneros.

A afirmação da dignidade da pessoa humana, coparticipante, no devir histórico, da realização do bem comum, superava toda a consideração específica sobre o feminino; aliás, libertava-o de todas as amarras e limitações.

Ao afirmar que o ser humano, masculino ou feminino, é a imagem de Deus (§ 12), se mostrava contrário a toda forma de discriminação sexual.

Uma vez que todos os homens, dotados de alma racional e criados à imagem de Deus, têm a mesma natureza e a mesma origem e que, redimidos por Cristo, gozam da mesma vocação e destino divinos, deve reconhecer-se, e cada vez mais, a igualdade fundamental entre todos.

É evidente que nem todos os homens são iguais na capacidade física e nas qualidades intelectuais e morais. Mas toda forma de discriminação, quer social, quer cultural, que atinja os direitos fundamentais da pessoa, baseada no sexo, na raça, na cor, na condição social, na língua ou na religião, deve ser ultrapassada e eliminada como contrária à vontade de Deus.

É verdadeiramente lamentável que os direitos fundamentais da pessoa ainda não sejam respeitados, como deve ser, em toda a parte. É o que acontece quando se nega à mulher o direito de escolher livremente o marido e de abraçar o estado de vida que quiser ou de ter acesso a uma educação e cultura semelhantes às que se reconhecem ao homem (§ 29).

Por isso, reconhecia "uma aspiração profunda e universal" nas mulheres que "reivindicam para si, onde ainda não a alcançaram, uma igualdade de direito e de fato com os homens" (§ 9).

Nesse sentido, foi de grande relevância a superação da tradicional concepção contratualista e jurídica da instituição familiar, através da recuperação do valor fundamental do amor conjugal, fundado sobre uma "íntima comunidade conjugal de vida e amor" (§ 48), Nessa perspectiva, o contributo de Luz María Álvarez Icaza e do seu marido José, na subcomissão da *Gaudium et spes* foi determinante para mudar o juízo dos bispos quanto ao exercício da sexualidade por parte do casal, já não considerada como "remédio da concupiscência" ligado ao pecado, mas como expressão e ato de amor:

Este amor abrange o bem de toda a pessoa e pode, por isso, enriquecer com uma dignidade especial as manifestações do corpo e do espírito, e enobrecê-las com os elementos e os sinais específicos do amor conjugal. O Senhor dignou-se sanar, aperfeiçoar e elevar este amor com um dom especial de graça e caridade. Tal amor, associando ao mesmo tempo o humano e o divino, leva os esposos a um dom livre e recíproco de si mesmos, comprovado pela terna afeição e pelos gestos, e impregna toda a sua vida (§ 49).[4]

Finalmente, embora o documento sublinhe o papel doméstico da mulher ("deve também se garantir o cuidado da família por parte da mãe de que os filhos, sobretudo os mais novos, necessitam"), não a encerra nos espaços fechados ("sem, todavia, se descurar a legítima promoção da mulher", § 52) e, até, reconhece e promove a sua participação na vida cultural:

> As mulheres já trabalham em quase todos os setores da atividade; convém, todavia, que possam cumprir plenamente as suas tarefas de acordo com a sua própria natureza. É dever de todos que se reconheça e fomente a participação, própria e necessária, das mulheres na vida cultural (§ 60).

Também devemos recordar o importante contributo da economista Barbara Ward para o debate sobre a presença da Igreja no mundo e o seu empenho para que esta dissesse uma palavra credível sobre o problema da pobreza. O tema do desenvolvimento humano foi inscrito com sucesso no § 90 e permitiu que Paulo VI instituísse, em

---

[4] Esta mudança de perspectiva relativamente à paridade entre os esposos traduziu-se, depois, no âmbito litúrgico, em novos ritos matrimoniais, tal como sublinha a Constituição *Sacrosanctum Concilium* (ver SC § 77).

1967, a Comissão Pontifícia Iustitia et Paz, de que Barbara Ward fez parte até a sua morte em 1981.

Também a *Apostolicam actuositatem* teve a participação ativa das leigas e dos leigos na sua elaboração.[5] A redação muito longa do decreto (5 anos de trabalho e de reflexão e 4 esquemas) tinha usufruído das solicitações provenientes de congressos e conferências internacionais que, a partir de 1961, tinham dado vida a amplas discussões e propostas. A eclesiologia de comunhão valorizava o papel indispensável do apostolado dos leigos (mulheres e homens) no interior da única e indivisa missão da Igreja. As mulheres são mencionadas explicitamente no § 9:

> Como, no nosso tempo, a mulher participa cada vez mais ativamente em toda a vida social, é da maior importância que ela tenha uma mais ampla participação também nos numerosos campos de apostolado da Igreja.

De interesse, sobretudo para os estudos que se desenvolveram posteriormente sobre o papel das mulheres na Igreja primitiva, é a referência à participação feminina no apostolado de Paulo, dentro da missão sacerdotal, real e profética, que reveste todos os batizados:

> Os leigos têm um papel ativo na vida e na ação da Igreja, porque são participantes na missão de Cristo sacerdote, profeta e rei. A sua ação nas comunidades eclesiais é tão necessária que, sem ela, o próprio apostolado da hierarquia não pode alcançar plenamente o seu objetivo. Na verdade, os leigos com verdadeiro espírito apostólico, como os homens e as mulheres que ajudaram Paulo na difusão do Evangelho (cf. Atos 18,18-23; Romanos 16,3),

---

[5] São de Marie-Louise Monnet as últimas linhas do § 12 sobre o apostolado das crianças dos 6 aos 12 anos.

suprem o que falta aos seus irmãos e encorajam tanto a hierarquia como o restante do povo fiel (cf. 1 Coríntios 16,17-18). De fato, alimentados pela participação ativa na vida litúrgica da sua comunidade, cumprem solicitamente as suas funções apostólicas, conduzem à Igreja os que, porventura, dela se encontram afastados, colaboram intensamente na comunicação da Palavra de Deus, especialmente pelo ensino da catequese, e tornam mais eficaz, com a sua competência, a cura de almas e até a administração dos bens da Igreja (§ 10).

Do mesmo modo, no Decreto *Ad gentes*, embora as mulheres não sejam nomeadas explicitamente, enquanto batizadas, elas participam na obra de evangelização missionária da Igreja, e não no sentido de mera suplência.

Fundamentalmente, foi acesso para os leigos o acesso aos estudos:

> Além disso, criem-se centros de documentação e de estudos, não só de teologia, mas também de antropologia, psicologia, sociologia e metodologia para fomentar mais e melhor as capacidades intelectuais dos leigos, homens e mulheres, jovens e adultos, em todos os campos do apostolado (*Apostolicam actuositatem* § 32; cf. GS § 62).

Isso permitiu a abertura de faculdades teológicas para as mulheres, com tudo aquilo que tem significado nesses anos, como a formação de teólogas especialistas nos vários setores da teologia, e em que a Sagrada Escritura não apareceu em último lugar, pois, graças à *Dei Verbum*, voltou a ser entregue ao laicato católico, após séculos de privação e, até, de proibição e de recepção passiva.

Também já falamos do papel desempenhado pelas religiosas auditoras em formular os pressupostos do *aggiornamento* da vida religiosa. Embora dentro dos limites ainda presentes no Decreto *Perfectae caritatis*, que, fruto de uma gestação muito laboriosa, ainda parecia ligado a uma perspectiva tradicional, o trabalho das auditoras, apoiado pelo dos padres conciliares mais abertos às mudanças, tinha iniciado processos de inovação e de experimentação. Tinham trabalhado, em primeiro lugar, para recolocar Jesus Cristo e a sua mensagem no centro da vida de fé, através do retorno às fontes bíblicas e litúrgicas; depois, para uma nova consideração da dignidade pessoal de cada membro da comunidade, não só responsável pelos seus atos, mas também capaz de uma cooperação recíproca; além disso, para chamar a atenção sobre o ser mulher, realçando as suas especificidades e os seus valores; finalmente, para uma atitude diferente em relação ao mundo, ao qual a vida religiosa devia abrir-se para responder aos muitos problemas, ainda por resolver, da justiça, da paz e da liberdade.[6] Em diversas ocasiões, as religiosas falaram sobre a necessidade de sentir-se parte viva e ativa da Igreja e da comunidade humana; por isso, exprimiram a intenção de procurar novos métodos e novas formas que, embora permanecendo fiéis ao carisma vocacional, lhes permitissem um empenho apostólico de evangelização mais eficaz.[7]

Portanto, podemos dizer que o quanto o Concílio representou para as mulheres vai muito além das poucas referências presentes nos seus documentos. Isso significou uma nova metodologia em reportar-se aos problemas

---

[6] Sobre isto, vejam-se as reflexões de: Mary Luke Tobin. Reflections of a Council Auditor. In: *Proceedings of the Annual Assembly. Conference of Major Religious Superiors of Women's Institutes of the United States of America*, 20-24 de agosto (1966), pp. 75-83.

[7] Ver Id. Vatican II and Sisters. In: *Proceedings of the Annual Assembly. Conference of Major Religious Superiors of Women's Institutes of the United States of America*, 23-27 de agosto (1965), pp. 45-52.

da humanidade, devolvendo dignidade a cada um, reconhecendo em cada batizado a função real, profética e sacerdotal, abrindo novos espaços de responsabilidade e de participação no interior da Igreja, sem distinção de sexo, de etnia e de cultura. O Concílio não quis definir, mas abrir janelas para um mundo em transformação, pedindo à Igreja para renovar-se e atualizar-se.

É verdade que o número de mulheres presente no Concílio Vaticano II foi exíguo; contudo, como já vimos, historicamente significativo. A investigação sobre elas mereceria ser levada adiante, ampliada e aprofundada, por tudo aquilo que cada uma delas soube continuar a construir na Igreja do pós-Concílio, com empenho e sacrifício.

Uma porta entreaberta

O Concílio não desatou todos os nós nem faltaram reticências e omissões. Dentro dos documentos, já há posições conflituosas que não escondem contrastes e contradições que explodirão nos anos seguintes. As questões que Paulo VI chamou a si (controle de natalidade e celibato eclesiástico), bem como a admissão das mulheres ao ministério, continuam, ainda hoje, a ser tabu na Igreja; há censura e medo de enfrentá-las.

As intervenções do Papa Montini, confirmadas pelos seus sucessores, pesaram na vida dos católicos. A Encíclica *Humanae vitae* (1968), declarando a ilicitude de alguns métodos para a regulação dos nascimentos, destacava-se da maioria das posições conciliares[8] e dos componentes da comissão de estudo instituída por João XXIII.

---

[8] Numerosos padres conciliares, entre os quais Suenens e Máximos IV, consideravam que se deveria dar aos cônjuges liberdade de consciência na regulação dos nascimentos.

Na comissão chamada a estudar e a dar um parecer sobre a possibilidade de conferir a Ordem sagrada às mulheres, já tinha havido fraturas e dissabores por causa das limitações impostas à investigação e à discussão, pelas quais se chegou à *nota de minoria*, ato de protesto de 5 mulheres (cf. os textos sobre Bellosillo e Vendrik), que se distanciaram por causa dos métodos intimidatórios e manipuladores. Como conclusão dos trabalhos, a declaração da Congregação para a Doutrina da Fé, *Inter insigniores* (1976), fechou todas as possibilidades, mesmo para o futuro, de acesso das mulheres ao ministério sacerdotal.

A questão da obrigatoriedade do celibato eclesiástico, repetidamente confirmada, parece que não diz respeito explicitamente às mulheres; mas, na realidade, reveste-se de uma concepção negativa de sexualidade e da figura feminina, a ser mantida à devida distância.

Apesar de tudo, o Concílio representou para a mulher a afirmação da igualdade fundamental com o homem, do respeito devido aos direitos fundamentais que se lhe referem enquanto ser humano e do seu contributo indispensável na vida da família, da sociedade e da comunidade eclesial. Ao redesenhar no seu interior os papéis dos seus membros, a Igreja tornou a mulher sujeito no povo de Deus, permitindo-lhe, consequentemente, aceder ao estudo e, embora com limitações e restrições, ao ensino da teologia.

Eu mesma, se pude escrever este livro, devo-o ao Concílio.

Esquema recapitulativo das auditoras protagonistas

PROTAGONISTAS RELIGIOSAS

Nome	Congregação	Nacionalidade
Mary Luke Tobin (1908-2006)	Irmãs de Loreto	EUA
Marie de la Croix Khouzam	Irmãs Egípcias do Sagrado Coração	Egito
Marie Henriette Ghanem (1902-1993)	Sagrados Corações de Jesus e de Maria de Beirute	Líbano
Sabine de Valon (1899-1990)	Sagrado Coração	França
Juliana Thomas (†1977)	Escravas Pobres de Jesus Cristo	Alemanha
Suzanne Guillemin (1906-1968)	Filhas da Caridade	França
Cristina Estrada (1891-1985)	Escravas do Sagrado Coração de Jesus	Espanha
Costantina Baldinucci (1902-1992)	Irmãs de Caridade das Santas Bartolomea Capitanio e Vincenza Gerosa, chamadas Irmãs de Maria Bambina	Itália
Claudia Feddish (1909-1978)	Irmãs de rito bizantino da Ordem de São Basílio Magno	EUA
Jerome M. Chimy (1912-2004)	Irmãs Escravas de Maria Imaculada, de rito bizantino-ucraniano	Canadá

Nomeação	Representação	Decreto de nomeação nº
21/09/1964	Presidente da Conferência das Superioras Maiores dos Institutos Femininos nos EUA	2214
21/09/1964	Presidente da União das Religiosas Docentes do Egito	2215
21/09/1964	Presidente da Assembleia das Superioras Maiores Maronitas	2216
21/09/1964	Superiora-Geral das Damas do Sagrado Coração e presidente da União Internacional das Superioras-Gerais (UISG)	2224
21/09/1964	Superiora-Geral da União das Superioras da Alemanha	2225
22/09/1964	Superiora-Geral das Filhas da Caridade de São Vicente de Paulo	2243
22/09/1964	Superiora-Geral das Escravas do Sagrado Coração de Jesus	2244
22/09/1964	Superiora-Geral do Instituto de Maria SS. Bambina e presidente da Federação Italiana das Religiosas Hospitaleiras	2245
13/10/1964	Superiora-Geral das Irmãs de rito bizantino da Ordem de São Basílio Magno	2256
19/02/1965	Superiora-Geral das Irmãs Escravas de Maria Imaculada de rito bizantino-ucraniano	3703

PROTAGONISTAS LEIGAS

Nome	Associação	Nacionalidade
Pilar Bellosillo (1913-2004)	União Mundial das Organizações Femininas Católicas (UMOFC)	Espanha
Rosemary Goldie (1916-2010)	Comitê Permanente dos Congressos Internacionais para o Apostolado dos Leigos (COPECIAL)	Austrália
Marie-Louise Monnet (1902-1988)	Movimento Internacional do Apostolado das Classes Sociais Independentes (MIAMSI)	França
Anne-Marie Roeloffzen (1932-)	Federação Mundial da Juventude Católica Feminina (WFCYWC)	Holanda
Amalia Dematteis, viúva de Cordero Lanza de Montesemolo (1899-1983)	Padroado de Assistência Espiritual às Forças Armadas (PASFA)	Itália
Ida Marenghi-Marenco, viúva de Grillo (1909-1994)	União das Mulheres de Ação Católica Italiana (UDACI)	Itália
Alda Miceli (1908-1998)	Centro Italiano Feminino (CIF)	Itália
Catherine McCarthy	Conselho Nacional das Mulheres Católicas (NCCW)	EUA
Luz María L. Gama (1924-) e José Álvarez Icaza Manero (1921-2010)	Movimento da Família Cristã (MFC)	México
Margarita Moyano Llerena (1927-2003)	Federação Mundial da Juventude Católica Feminina (WFCYWC)	Argentina
Gladys Parentelli (1935-)	Movimento da Juventude Agrária Católica Feminina (MJACF)	Uruguai
Gertrud Ehrle (1897-1985)	Federação Alemã das Mulheres Católicas (KDF)	Alemanha
Hedwig von Skoda (1912-1985)	Equipes Internacionais de Renascimento Cristão (EIRC)	Checoslováquia/Suíça

Nomeação	Representação	Decreto de nomeação nº
21/09/1964	Presidente da UMOFC	2218
21/09/1964	Secretária executiva do COPECIAL	2219
21/09/1964	Presidente do MIAMSI	2220
21/09/1964	Secretária-geral da WFCYWC	2221
21/09/1964	Presidente do PASFA	2222
21/09/1964	Viúva de guerra	2223
22/09/1964	Presidente-geral das Missionárias da Realeza de Cristo e presidente do CIF	2246
13/10/1964	Presidente do NCCW	2358
09/03/1965	Presidentes do MFC	3718
Julho 1965	Presidente da WFCYWC	1189
24/07/1965	Presidente do MJACF	1190
22/07/1965	Presidente do KDF	1191
20/08/1965	Presidente do Conselho Central das EIRC	1307

Impresso na gráfica da
Pia Sociedade Filhas de São Paulo
Via Raposo Tavares, km 19,145
05577-300 - São Paulo, SP - Brasil - 2014